COUVERTURES SUPERIEURE ET INFERIEURE
DETERIOREES

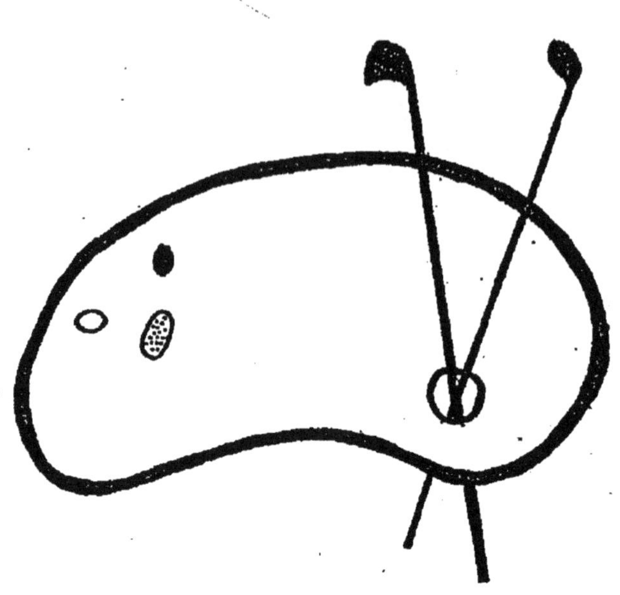

DEBUT D'UNE SERIE DE DOCUMENTS
EN COULEUR

SCIENCE ET RELIGION
Études pour le temps présent.

L'ÉGLISE

ET

LE TRAVAIL MANUEL

PAR

M. l'abbé Maxime SABATIER

Du Clergé de Paris, docteur en droit canon.

Ouvrage approuvé par un bref de S. S. Léon XIII

PARIS

LIBRAIRIE BLOUD ET BARRAL

4, RUE MADAME ET RUE DE RENNES, 59

1898

SCIENCE ET RELIGION

Études pour le temps présent

Collection de vol. in-12 de 64 pages *compactes.*

Prix : **0** fr. **60** le vol.

Les lecteurs curieux de grandes vérités de la foi déploraient l'absence de vulgarisation de science religieuse. LES ÉTUDES POUR LE TEMPS PRÉSENT répondent donc à un désir et comblent une lacune. Ainsi en ont jugé unanimement les Revues et les journaux les plus importants de la presse catholique. De ces nombreux et si flatteurs témoignages nous ne citerons que le suivant, extrait du journal l'*Univers*, dû à la plume d'un juge des plus compétents, M. LOUIS ROBERT :

« Aujourd'hui, en notre siècle de vapeur, d'électricité, on veut savoir
« tout et lire peu, toute la vie est pleine et fiévreuse ! C'est ce qui explique
« la vogue de la Revue et du Journal. Cependant ces deux organes de la
« pensée moderne sont insuffisants pour embrasser une question dans la
« complexité de ses aspects. Le livre est toujours nécessaire ; mais nous
« pensons, à part les moines et le clergé des campagnes, que le respectable
« in-4° et le majestueux in-folio ont fait leur temps pour le grand public.
« Il fallait donc condenser en un volume de poche les questions qui tour-
« mentent l'âme contemporaine. C'est ce que certains éditeurs ont très
« heureusement compris, notamment MM. Bloud et Barral, dont les édi-
« tions ont déjà tant rendu de services signalés à la cause religieuse.
« Sous le titre de *Science et Religion*, collection de volumes in-12 de
« 64 p. compactes, ils ont entrepris, avec un plein succès, de démontrer
« par des plumes des plus autorisées « *l'accord entre les résultats de la
« science moderne et les affirmations de la foi.* » Chaque sujet est trai-
« té, non plus d'après la méthode apologétique, qui actuellement est sus-
« pecte aux incrédules, même aux indifférents. C'est avec la plus rigoureuse
« méthode scientifique — mais mise à la portée de tous les esprits quelque
« peu cultivés — que sont exposées les *Nouvelles Études philosophiques,
« scientifiques et religieuses* de cette opportune et très intéressante col-
« lection.
« Le nom de l'auteur de chacune d'elles est une recommandation. »

(Journal l'Univers.)

Voici une seconde liste des ouvrages parus ou à paraître incessamment :

— **L'Apologétique historique au XIX° siècle.** — **La Critique irré-
ligieuse de Renan.** (*Les précurseurs* — *La vie de Jésus* — *Les adversaires* — *Les résultats*) par l'abbé Ch. DENIS, directeur des *Annales
de philosophie chrétienne.*
1 vol.

— **Nature et Histoire de la liberté de conscience,** par M. l'abbé
CANET, docteur en philosophie et ès-lettres de l'Université de Louvain,
ancien professeur de théologie dogmatique au grand séminaire de Lyon.
1 vol.

— **L'Animal raisonnable et l'Animal tout court**, *étude de psycho-gie comparée*, par C. DE KIRWAN.   1 vol.

— **La Conception catholique de l'Enfer**, par M. BRÉMOND, docteur à théologie, professeur de dogme au grand séminaire de Digne. 1 vol.

— **L'Eglise russe**, par J.-L. GONDAL, professeur d'apologétique et histoire au grand séminaire Saint-Sulpice.   1 vol.

— **La Fausse Science contemporaine et les Mystères d'Outre-**tombe, par le R. P. Th. ORTOLAN, O. M. I.   1 vol.

— *Du même auteur :* **Vie et Matière** ou **Matérialisme et Spiritua-**sme en présence de la **Cristallogénie**.   1 vol.

— *Du même auteur :* **Matérialistes et Musiciens.**   1 vol.

— **Le Mal**, sa nature, son origine, sa réparation. *Aperçu philosophique : religieux*, par l'abbé M. CONSTANT, docteur en théologie, lauréat de Institut catholique de Paris.   1 vol.

— **Dieu auteur de la vie**, par M. l'abbé THOMAS, vicaire général de erdun.   1 vol.

— *Du même auteur :* **La Fin du monde d'après la foi et la** cience.   1 vol.

— **L'Attitude du catholique devant la Science**, par G. FONSEGRIVE, irecteur de la *Quinzaine*.   1 vol.

— *Du même auteur :* **Le Catholicisme et la Religion de l'Esprit.** vol.

— **Du Doute à la Foi**, le besoin, les raisons, les moyens, les devoirs, la ossibilité de croire, par le R. P. TOURNEBIZE. S. J.   1 vol.

— **La Synagogue moderne**, sa doctrine et son culte, par A. F. SAU-IN.   1 vol.

— **Evolution et Immutabilité de la doctrine religieuse dans** Eglise, par M. PRUNIER, supérieur du gr. séminaire de Séez. 1 vol.

— **La Religion spirite**, son dogme, sa morale et ses pratiques, par . BERTRAND.   1 vol.

— **L'Hypnotisme franc et l'Hypnotisme vrai**, par le docteur HÉLOT, uteur de *Névroses et Possessions diaboliques*.   1 vo.

— **Convenance scientifique de l'Incarnation**, par Pierre COURBET, ncien élève de l'Ecole polytechnique.   1 vol.

— **L'Eglise et le Travail manuel**, par M. l'abbé SABATIER du clergé e Paris, docteur en droit canon.   1 vol.

— **L'Inquisition**, son rôle religieux, politique et social, par G. ROMAIN, uteur de : *L'Eglise et la Liberté*.   1 vol.

— **Unité de l'espèce humaine** *prouvée par la Similarité des con-*eptions et des créations de l'homme, par le marquis de NADAILLAC. 1 vol.

— **Le Socialisme contemporain et la Propriété.** — *Aperçu his-*orique, par M. Gabriel ARDANT auteur de la *Question agraire*.   1 vol.

— **Pourquoi le Roman immoral est-il à la mode et pourquoi le** roman moral n'est-il pas à la mode ? *Etude sociale et littéraire*, par . d'AZAMBUJA.   1 vol.

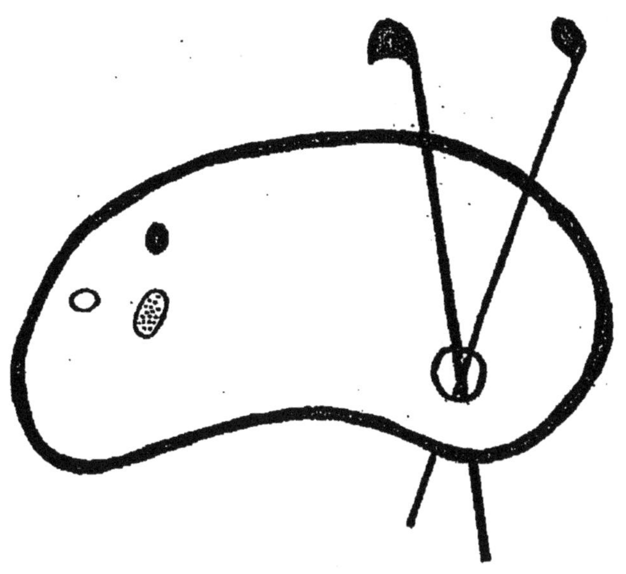

FIN D'UNE SERIE DE DOCUMENTS
EN COULEUR

SCIENCE ET RELIGION

Études pour le temps présent.

L'ÉGLISE

ET

LE TRAVAIL MANUEL

PAR

M. l'abbé Maxime SABATIER

Du Clergé de Paris, docteur en droit canon.

Ouvrage approuvé par un bref de S. S. Léon XIII

PRÉFACE

Ce livre est le résumé d'un autre plus documenté (1).
C'est l'histoire d'une des plus grandes révolutions
qui aient bouleversé la face du monde social et politique. Révolution pacifique, commencée par le Fils
de Dieu, continuée par les hommes, elle fut la mise
en œuvre, la réalisation des promesses de Liberté,
d'Égalité et de Fraternité que Jésus-Christ était venu
porter aux hommes de bonne volonté.

Nous nous proposons dans ces pages rapides et
brèves sur l'Église et le Travail manuel d'engager
le lecteur impartial à ouvrir les yeux pour examiner
ce qui se passe autour de lui.

Nous verrons d'abord dans quel avilissement profond, le travail, surtout le travail manuel, était tombé
avant le christianisme dans le monde gréco-romain
et dans les pays barbares. Nous pourrons ensuite
considérer l'Église à l'œuvre. Par la fraternité chrétienne qui nivelle les conditions sociales et politiques,
par les enseignements réitérés, par les exemples de
son divin Fondateur, de ses apôtres, de ses prêtres,
de ses moines, par les décrets des papes et des conciles, elle fait du travail le devoir de tout chrétien et

1. *L'Église et le Travail manuel*, in-12. Lethielleux, rue Cassette,
Paris.

assure au travailleur l'honorabilité, la dignité et la grandeur.

Plus elle domine, plus elle détient entre ses mains l'influence sur le gouvernement des choses d'ici-bas, plus aussi le bonheur et la considération viennent s'asseoir au foyer de l'ouvrier. Quand son influence s'amoindrit, quand l'idée chrétienne est diminuée par les hommes, le respect pour le travailleur est amoindri, il diminue dans une proportion égale.

L'Église est donc la source principale d'où a jailli sur le monde la dignité du travail. Elle est encore sa plus sûre gardienne.

C'est la conclusion qui découlera tout naturellement de cet opuscule.

Nous l'avons entrepris sans aucun esprit de parti. Nous n'y avons rien mis que de strictement vrai, comme Cicéron l'exige de tout historien honnête.

Encouragé paternellement par une lettre d'approbation du Souverain Pontife Léon XIII, douloureusement ému par la mauvaise foi d'adversaires sans conscience, nous n'avons qu'un désir : ajouter dans l'esprit de quelques-uns de nos contemporains quelque chose à l'honneur impérissable de l'Église catholique et à la gloire de son divin Fondateur.

L'ÉGLISE

ET

LE TRAVAIL MANUEL

CHAPITRE PREMIER

Quelques mots sur le travail chez le peuple hébreu. — Mépris des Barbares et Gréco-Romains pour le travail et les travailleurs. — Condition des travailleurs avant l'avènement du christianisme.

La Synagogue était la préparation de l'Église. Le peuple juif annonçait le peuple de Dieu ; à lui furent confiés les desseins de Dieu. Voilà pourquoi le travail méprisé par tous les peuples païens était considéré, au moins dans les premiers temps, chez le peuple juif. L'agriculture sur l'ordre divin fut d'abord en honneur. Les arts et l'industrie vinrent plus tard donner à ce peuple intéressé une nouvelle source de bénéfices et de profits. Source encore peut-être plus abondante que la première.

Mais peu à peu la nation choisie s'écarte des voies tracées par son Dieu. Elle s'adonne plus volontiers au commerce, trouvant le moyen plus sûr et plus facile pour faire rapidement fortune. Le commerce de l'argent finit par absorber en partie l'activité des fils d'Israël. Au moyen âge ils n'accaparèrent pas seulement le commerce de change proprement dit qui leur rapportait de gros bénéfices, mais ils se livrèrent à l'exercice malhonnête de l'usure. L'usure, le prêt d'argent à intérêt ou sur gage devinrent la véritable source de leurs fortunes. Banquiers de l'époque, bailleurs de fonds de toutes les classes sociales, ils prêtaient à l'empereur, au roi comme au simple artisan ou au cultivateur. Ils exploitèrent grands et petits sans le moindre scrupule et leurs procédés injustes leur attirèrent bientôt d'universels reproches. Sont-ils revenus à la pureté de la loi divine? Chacun peut répondre facilement en jetant un regard autour de lui et en écoutant les cris de colère d'un grand nombre d'hommes.

Après les Juifs, les païens, Barbares ou Gréco-Romains. Les païens n'avaient que de l'horreur et du mépris pour le travail, surtout pour le travail corporel. Cette horreur et ce mépris étaient tels, qu'ils faisaient considérer le travail comme la plus vile des occupations, comme une œuvre indigne d'un homme libre.

Les auteurs anciens, philosophes, poètes, historiens, nous fournissent en grande abondance des preuves qui nous montrent la vérité de cette triste assertion. Hérodote nous dit qu'une pareille manière de voir était commune aux Hellènes, aux Egyptiens, aux Thraces, aux Scythes, aux Perses, aux Lydiens. Chez tous ces peuples, l'ouvrier des mains était considéré comme le dernier des citoyens. Les enfants eux-mêmes en naissant étaient tachés comme d'une souillure de péché par le travail de leur père.

L'historien Tacite nous raconte que c'était chose indigne chez les peuples habitant les bords du Rhin de gagner sa vie à la sueur de son front. Il fallait la conquérir à la pointe de son épée. Aux vieillards, aux femmes, aux faibles, aux esclaves était laissé le soin humiliant des maisons et des champs.

Dans le commentaire de la guerre des Gaules, César nous montre à plusieurs reprises le mépris professé par les Gaulois, nos pères, pour toute sorte de travail même agricole. Aussi dans toute la Gaule, nous dit cet historien, il n'y a que les druides et les chevaliers qui soient comptés pour quelque chose. Le reste de la population réduit à peu près à l'état d'esclave ne prenait aucune part aux affaires publiques.

En Espagne, dit Justin, c'était une loi stricte pour les

Tartésiens de ne s'occuper à aucun travail corporel, travailler était faire œuvre d'esclave. Dans le même pays, les Lusitaniens et les Cantabres laissaient les occupations pénibles, le soin des champs aux femmes et aux esclaves. Vivre en brigand et voleur de butin était le propre de l'homme libre. A Rome, le centre de l'empire et de la civilisation antiques, Cicéron dans son *de Officiis* marche sur les traces des anciens philosophes et partage les errements des barbares. Il condamne brutalement le travail et tous ceux qui s'y livrent. Il ne soustrait même pas à son mépris les ouvriers qui supporteraient de terribles labeurs pour l'intérêt essentiel de la société. « *Jamais*, dit-il, *rien de noble ne pourra sortir d'une boutique ou d'un atelier.* »

Sénèque parlant des arts dit : « Vulgaire, l'art des ouvriers qui travaillent de leurs mains; il procure les choses nécessaires à la vie, mais il est sans honneur et ne saurait revêtir l'apparence même de l'honnêteté. » Dans ses lettres, le même moraliste s'indigne à la pensée qu'un écrivain ait pu attribuer aux philosophes l'invention des arts : « Elle appartient aux plus vils esclaves. La sagesse habite des lieux plus élevés. Elle ne forme point les mains au travail. Encore une fois, elle ne fabrique point des instruments pour les usages de la vie. Pourquoi lui assigner un rôle si humble? »

Nous pourrions citer encore un très grand nombre de textes. Ces quelques pages suffiront à montrer quel mépris s'attachait au travail dans le monde barbare et dans le monde gréco-romain.

Il était devenu l'occupation des esclaves.

Il servilisait l'homme libre assez vil aux yeux de ses contemporains pour exercer un métier.

Malgré le mépris qui s'attachait à Rome au travail et aux travailleurs, tout travail libre était-il étouffé?

Non, dit un historien connu, il en restait encore un germe obscur, languissant, méprisé, qui ne périt jamais tout entier, comme s'il eût attendu le jour où le christianisme devait l'échauffer et le faire éclore. Quelques hommes libres, trop fiers ou trop chargés de famille pour se contenter des distributions qui alimentaient la plèbe de Rome, s'engageaient comme ouvriers dans les ateliers remplis d'esclaves.

Plaute, le grand comique latin, se loua ainsi pour tourner la meule.

Cela maintenait à la surface du monde romain une apparence de travail libre, pareille à cette végétation malsaine, mais brillante, qui s'élève quelquefois à la surface d'un marais.

Engagés comme ouvriers dans un atelier, les hommes libres partageaient le sort des esclaves. Une seule différence les faisait distinguer de ces derniers : ils recevaient un salaire. Mais ce prix lui-même de leur travail avait quelque chose d'humiliant et les Anciens n'hésitaient point à le stigmatiser par ces mots : *Auctoramentum servitutis*. Cicéron dit que ce salaire ne dépassait pas 12 as ou 80 centimes par jour.

Ces hommes libres, assez dégradés aux yeux de leurs concitoyens pour travailler de leurs mains, étaient fort peu nombreux. Nous avons voulu en faire mention au commencement de ce chapitre afin que la vérité puisse briller de tout son éclat. L'armée des travailleurs était donc presque uniquement composée de la foule innombrable des esclaves.

Quelle était leur condition?

On use d'eux comme on use des animaux. — Une tête servile n'a pas de droits.

L'esclave n'a pas de nom, il ne possède qu'un surnom. On l'appellera Soleil, Phébus, Ours, Loup, comme maintenant nous nommons les chiens.

La loi ne considère pas l'esclave, cet être sans nom, comme une personne. Elle le considère comme un animal, comme un meuble, comme un outil.

Sans nom, sans personnalité propre, l'esclave, l'ouvrier par conséquent dans le plus grand nombre des cas, n'a pas le droit de posséder une famille. « Par Hercule ! A-t-on jamais vu cela? Des mariages d'esclaves! Un esclave prendre une épouse! C'est contraire à la coutume de tous les peuples ! »

Parfois le maître, pour les besoins de son exploitation ou de son commerce, permet quelque chose qui ressemble de loin au mariage. Triste union ! les enfants appartiennent au maître qui peut, après leur naissance, envoyer le père dans des propriétés de Gaule et la mère dans l'Asie-Mineure.

Telle était, en traits rapides et atténués, la situation méprisée du travailleur dans l'ancien monde.

On remarquera que je ne parle pas de la femme ouvrière. La raison en est bien simple : plus dégradée et plus avilie encore que l'homme, la femme esclave, la seule qui eût pu devenir ouvrière, était réservée à des usages qu'une bouche honnête se refuse à nommer. Nous n'avons, pour nous en convaincre, qu'à relire les anciens moralistes Latins et Grecs. La peinture qu'ils nous font des mœurs de cette compagne de l'homme est trop écœurante pour que nous puissions y insister.

L'heure était venue, heure prévue par les desseins de Dieu, où la venue du Verbe éternel sur terre et la fondation de son Eglise devaient régénérer l'humanité.

De toutes ces poitrines d'hommes et de femmes esclaves, du sein de ces milliers d'enfants sans pères ni mères, sortaient depuis trop longtemps des soupirs et des gémissements. Comme une prière sublime, cette plainte douloureuse de l'humanité méconnue et amoindrie montait jusqu'au trône de l'éternelle justice.

L'heure était venue de briser enfin les liens de la servitude et de rendre à tous, avec la liberté, la dignité de la vie. La moisson était déjà jaunissante. Nous allons voir à l'œuvre l'Église de Dieu.

CHAPITRE II

La fraternité chrétienne permet d'ennoblir le travail en changeant essentiellement la condition sociale des travailleurs.

L'homme est un être naturellement sociable, parce qu'il a naturellement des besoins à satisfaire. L'aiguillon qui le stimule à vivre en société est la satisfaction de ses besoins, satisfaction qui serait impossible si chacun vivait séparément. Les efforts et l'activité sont les seuls moyens que la société possède pour obtenir cette satisfaction. Pour atteindre son but, il est donc nécessaire qu'elle travaille et agisse.

Mais la société est composée d'individus, et c'est le travail de chaque individu qui le rattache à la collectivité; c'est pourquoi on a pu dire que la société est un échange perpétuel de services. Société et travail sont donc inséparables : d'où il suit que si l'on fait consister la vie dans l'être et dans la perfection de l'être, le travail est la principale manifestation de la vie sociale.

C'est pourquoi, à l'origine du monde, Dieu plaça Adam et Ève dans le Paradis terrestre : *afin de travailler et de garder ce jardin délicieux.*

Plus tard, les hommes se détournant de la vraie voie avaient méconnu le précepte divin. Le travail, cessant d'être le fait de tous les hommes, devint le lot douloureux d'une certaine classe dans la société.

Que va faire l'Église pour réhabiliter ce travail, cette fonction essentielle de la société humaine?

L'Église va-t-elle rompre brusquement en visière avec les errements et les fautes du vieux monde? Appellera-t-elle les esclaves à la révolte?

Peut-être au point de vue purement humain pourrait-elle le faire avec avantage. Des ergastules s'élèvent des voix menaçantes. Ces voix retentissent des bords du Rhin jusqu'aux frontières de l'Empire des Perses.

La révolte germe partout. Partout le feu couve sous la cendre, le monde est prêt pour l'embrasement des idées nouvelles. Déjà le barbare veille au bord du Rhin. Il s'apprête à fondre sur l'Empire; l'Eglise trouvera là un précieux auxiliaire pour renverser l'ancien ordre des choses, dont l'écroulement prochain paraît si désirable.

Mais le Seigneur aime le calme, il aime la paix, il ne fait pas son œuvre dans le tumulte et dans le bruit.

L'Eglise, imitatrice de son maître, repoussera la guerre, elle fera son œuvre dans le calme et dans la paix. S'il y a du sang versé sur la terre, ce sera le sien, et ce sang versé par les persécuteurs ne sera point une semence de haine.

Il sera le sceau douloureux, le ciment empourpré de la charité. Unissant dans un même amour persécuteurs et persécutés, il fera de tous ces hommes, hier divisés, des fils de Dieu et *des frères en Jésus-Christ.*

L'Eglise changera le monde, non par des paroles violentes, mais par des actes pacifiques. Ces actes souvent répétés formeront des habitudes, ces puissants courants qui entraînent tout un peuple à la dérive ou à la gloire, selon qu'elles le poussent au mal ou qu'elles le fortifient dans le bien et dans l'honnête ?

Elle ne fera pas, comme certaines assemblées délibérantes, de pompeuses déclarations des droits de l'homme ; elle ne jettera pas dans la rue ou sur les champs de bataille des millions d'esclaves pour égorger leurs maîtres terrifiés, et faire crouler l'Empire dans une mer de sang.

Elle n'inscrira pas aux carrefours des rues ou sur les monuments publics les mots pompeux de liberté, égalité, fraternité. Tout au plus dira-t-elle un jour, par la bouche de saint Paul, ces paroles stupéfiantes pour les anciens païens :

« *Il n'y a plus ni Juifs ni Grecs. Il n'y a plus d'esclaves ni d'hommes libres, vous êtes tous un en Jésus-Christ.* »

Elle ne pousse pas les esclaves à secouer leur joug, mais elle incline, l'un vers l'autre, le cœur du maître et celui de l'esclave. Elle place sur les autels des esclaves canonisés, et c'est ainsi que par l'humilité, par la charité, « elle atteint la pratique de l'esclavage, jusqu'à ce qu'il ait disparu des mœurs, peu à peu, sans convulsions, sans secousses, sans qu'on sache à quel jour, à quelle heure, comme une eau qui s'écoule ».

Les exemples répétés, les enseignements moraux sans cesse redits aux fidèles ont percé à jour et détruit peu à peu les anciennes mœurs païennes.

Le premier soin de l'Eglise fut donc d'incliner les uns vers les autres, non seulement les esclaves, mais les esclaves et les maîtres.

C'est pourquoi, à l'origine, les premiers prosélytes furent pris, non pas toujours, mais le plus souvent, dans les rangs du peuple où il était plus facile de faire naître la charité ; des esclaves ignorants, des femmes, des foulons, des cordonniers formeront surtout cette nation de ténèbres, comme disaient les païens.

Quel scandale pour ces philosophes superbes dont nous avons énoncé plus haut les sentiments remplis de mépris à l'égard des travailleurs !

L'Eglise, au contraire, qui se prétendait la seule et vraie religion, la gardienne des idées qui devaient régénérer le monde, chérissait d'un amour de prédilection les humbles de la société. Loin de **rougir** de cet apostolat, elle s'en faisait gloire : elle trouvait que les foulons et les cordonniers méritaient qu'elle s'occupât d'eux comme des autres hommes.

Tertullien allait jusqu'à proclamer qu'ils étaient les mieux disposés à recevoir la vérité.

Avec ces humbles, des hommes libres, des patriciens, touchés de la beauté du christianisme, viennent fonder les premières sociétés ou collèges chrétiens. Dans ces collèges sont réunis le maître et l'esclave. Là prit sa source la véritable égalité ; celle qu'on admire et que nul ne pourra fonder plus belle et plus grande, car elle a été fondée sur la charité.

Le commandement spécial de Jésus-Christ à ses Apôtres et à tous les chrétiens fut de s'aimer les uns les autres. « C'est à ce signe, leur dit-il dans son dernier adieu, que tous vous reconnaîtront pour mes disciples. » Cette parole divine, cette parole d'amour fonda la société chrétienne. C'est par elle que la nouvelle société devait ennoblir le travail en changeant essentiellement la condition des travailleurs.

Gravé profondément dans le cœur des premiers fidèles, cet enseignement s'était de là répandu dans leurs actions, dans leurs habitudes domestiques, comme dans leurs rapports sociaux, leurs institutions publiques. Tout portait alors dans leur vie l'empreinte du cachet chrétien, la charité, la véritable fraternité. Ils se donnaient entre eux les noms de frères et de sœurs, et bien que la différence de conditions politiques fût très tranchée, la fraternité tendait à faire disparaître la différence des conditions sociales. Avant la communion, après les prières publiques et lorsqu'ils se visitaient, ils se saluaient entre eux par le saint baiser. Sans troubler l'ordre des différentes classes de la société, la charité établissait entre elles une heureuse communauté d'idées et très souvent de biens. De là l'étonnement des païens habitués à l'égoïsme et à la dureté de leurs institutions sociales. « Ils nous portent envie, dit Minutius Félix, parce que nous nous appelons des frères. »

Comme tous les sujets de l'Empire, les chrétiens se réunirent surtout en collèges funéraires. Comme tous les autres ils eurent leur caisse, un columbarium ou cimetière pour leurs défunts, des élections, et c'est ainsi qu'un pauvre affranchi, Calliste, s'assit sur le siège qu'avait occupé Cornélius, de si noble et illustre famille.

Ils eurent enfin des agapes ou repas communs pour les fêtes, et sur les tombeaux des martyrs, pour l'anniversaire de leur mort.

Cependant combien les collèges chrétiens différaient des collèges païens. « Notre trésor, quand nous en avons un, n'est pas formé, dit Tertullien, des sommes que versent des ambitieux qui veulent obtenir chez nous des honneurs. Chacun apporte tous les mois une cotisation modique. Il paie s'il veut, quand il veut ou plutôt quand il peut; personne n'est forcé de rien verser, les contributions sont volontaires. Nous regardons cet argent comme un dépôt qui nous est confié, aussi ne le dépensons-nous pas à manger et à boire. Il sert à donner du pain aux pauvres et à les ensevelir, à élever les orphelins et à secourir nos vieillards. »

Voilà ce que n'avait jamais connu l'antiquité païenne : cette égalité enfantée par la charité chrétienne.

En rapprochant ainsi l'esclave de l'homme libre dont elle faisait des frères, en comblant ces distances sociales que le monde païen avait faites si grandes et si cruelles, l'Église réhabilita l'esclave. Elle en fit l'égal de l'homme libre, son maître. Il n'y eut plus alors « ni Juifs, ni Grecs, ni esclaves, ni hommes libres, tous les hommes étaient un en Jésus-Christ ».

Par le fait même que l'Église avait réhabilité l'esclave, elle devait aussi réhabiliter les œuvres de l'esclave, le travail. Dès lors, en effet, le travail commença à perdre ce caractère odieux, dont les païens l'avaient revêtu jusqu'alors. Travailler, pour les premiers chrétiens, cessa d'être le synonyme de déchéance, de servilisme.

Pourquoi alors ne pas travailler, si le travail n'avait plus rien d'avilissant? Devait-on au contraire travailler?

CHAPITRE III

De l'obligation du travail dans la primitive Église. Travail des clercs et des moines.

C'est un devoir pour l'homme de travailler.

Dès les premiers jours de son existence, l'Eglise n'a pas cessé de prêcher cette doctrine par son exemple et par ses paroles.

C'est le fondement nécessaire de l'ordre social. Au contraire, l'oisiveté est la source de toute corruption comme Dieu nous l'a enseigné par le prophète Ezéchiel.

Jésus-Christ venu pour établir la vérité de la foi, pour remettre dans leur véritable lumière les préceptes divins, a dû se soumettre au fameux décret édicté à nos premiers parents : « *Tu mangeras ton pain à la sueur de ton front.* »

Aussi l'Évangile nous montre Jésus-Christ, le fondateur de l'Eglise, appelé le fils du charpentier de Nazareth, charpentier lui-même.

Les apôtres, les docteurs et les prêtres, disciples du Dieu aux mains calleuses, se sont plu à nous montrer le Verbe incarné devant son établi de charpentier. Il taille des socs de charrues, dit saint Jean Chrysostome, de ces mêmes mains qui ont façonné le monde. « Que ceux qui travaillent de leurs mains se réjouissent, dit Bossuet, Jésus-Christ est de leur corps. »

Le moyen âge et les premiers peintres de l'Eglise nous ont souvent représenté l'humble maison de Nazareth comme le modèle des intérieurs chrétiens. Assise auprès d'une croisée, la Vierge Marie file, et pendant qu'au bruit d'un pieux cantique tourne son laborieux rouet, Joseph, le rude charpentier, apprend à Jésus, le jeune apprenti, comment il faut tailler et raboter les planches et comment il doit s'en servir pour les besoins de son industrie.

Quand Jésus-Christ veut fonder son Église où donc choisit-il ses disciples, les modèles et les docteurs de tous les fidèles? Parmi des pêcheurs, de pauvres ouvriers de la Judée.

Saint Pierre retirait son filet des flots de la mer de Tibériade quand le Maître lui dit : « Viens, suis-moi, je te ferai pêcheur d'hommes. »

Saint Paul vivait comme un ouvrier, il faisait des tentes, et c'était souvent dans les ateliers qu'il faisait entendre cette prédication enflammée qui a converti le monde. Là surtout, les paroles ardentes qui sortaient de son cœur bouillonnaient comme la lave d'un volcan. Aussi, avec quelle énergie répétait-il à tous ceux qui venaient l'entendre, hommes ou femmes, libres ou esclaves : « *Celui qui ne veut pas travailler ne doit pas manger.* »

Non seulement, selon la parole de ce rude ouvrier de Dieu, il faut travailler pour avoir de quoi manger, mais : « que celui qui volait ne vole plus, qu'il travaille, qu'il acquière par ses propres mains un juste salaire afin d'en donner un peu à celui qui est dans le besoin ».

Quand l'apôtre saint Paul écrit aux fidèles d'une Église, il lui arrive souvent de saluer d'une manière particulière un de ceux qu'il appelle *serviteurs de Dieu.*

Est-ce toujours un patricien, un grand? Non, c'est le plus souvent un pauvre ouvrier. Comme Prisca et Aquila il a reçu l'apôtre saint Paul dans ses voyages et saint Paul n'oublie pas cet humble dans ses lettres.

Calliste était l'esclave d'un riche chrétien de Rome, Carpophore; il fut même à cause de lui condamné au travail des mines.

Malgré cela le pape Zéphyrin l'appelle auprès de lui comme secrétaire en 202. A la mort du pape, le peuple et le clergé, d'un commun accord, élèvent au souverain pontificat, ce Calliste, l'artisan, l'esclave, celui qui avait travaillé à un labeur infamant dans les mines de Sardaigne.

Et le souverain pontificat, le suprême honneur de l'Église est accordé, après un Clément et un Cornelius, tous

deux d'illustre famille, à cet homme que les païens auraient
considéré comme indigne de tout honneur à cause de sa
qualité d'esclave et de travailleur.

C'est ainsi que l'Eglise rend au travail sa noblesse primitive, et le salaire, autrefois appelé par Cicéron « *gage de
la servitude* », devient le signe de la liberté.

Aussi que de railleries les païens font-ils entendre contre
ces gens de rien, adeptes d'une religion de foulons et de
cordonniers! Il semblerait vraiment que Dieu se plaise à
vouloir contraindre les apologistes de l'Eglise à bien préci-
ser la doctrine chrétienne sur le travail.

Quelle clarté de réponses, quelle netteté dans les affirmations des apologistes chrétiens! Aux railleries des philosophes et des sophistes païens, ils opposent les exemples
de Jésus, — Fils de Dieu et travailleur, — ils s'en font
gloire, et sur ce point tous les écrivains et orateurs chrétiens sont d'un accord unanime.

Ils ne cherchent pas à atténuer, à expliquer même pourquoi les chrétiens travaillent; ils sont fiers et heureux de
travailler; ils se font gloire de ce que les païens leur reprochent.

La *Doctrine des douze Apôtres* (1), ce document du second, sinon du premier siècle, fait de la qualité de travailleur une note du véritable chrétien.

« Si celui qui vient à nous est un voyageur sans demeure,
secourez-le autant que vous pouvez.

« S'il veut s'établir parmi vous, *qu'il travaille et qu'il
mange*.

« S'il n'a point de métier, pourvoyez selon votre sagesse
à ce qu'un chrétien ne vive pas parmi vous inoccupé.

« S'il ne veut point se conduire ainsi, c'est un trafiquant
de la doctrine du Christ. Tenez-vous en garde contre de
semblables personnages. »

Le texte est clair : Si celui qui se prétend chrétien ne
veut pas travailler, tenez-vous en garde contre lui, c'est
un trafiquant de la doctrine du Christ, c'est un faux frère.
Nous ne saurions trop insister sur ce texte remarquable
par sa clarté et sa grande antiquité. Nous avons là un do-

1. *Didaché*, II, 2, 3, 4.

cument historique de premier ordre. La *Doctrine des douze Apôtres* étant une sorte de catéchisme destiné à être mis entre les mains des chrétiens dès la fin du premier siècle, doit contenir les sentiments des Apôtres sur tout ce qui pouvait intéresser les fidèles de la primitive Eglise.

Aussi c'est avec enthousiasme, avec un réel bonheur que les prêtres, pour mieux imiter le Christ et les apôtres leurs chefs directs, s'adonnent au travail pendant les heures laissées libres par le ministère des âmes.

Les chrétiens sortis des classes les plus élevées de la société, voyant travailler ceux qui sont les plus haut placés dans la hiérarchie de l'Eglise — les pontifes et les prêtres, — s'empressent eux aussi de renoncer à leurs anciennes idées. Ils font taire leurs répugnances et leur orgueil de caste, ils se livrent à ce travail jadis si méprisé.

Bientôt cette occupation devient pour eux un titre de gloire. C'est ainsi que nous voyons, au IIe siècle, un patricien nommé Sabatius graver sur la tombe de sa femme un métier à tisser et une navette. C'était, croyait-il, le plus bel éloge à décerner à une femme chrétienne.

Travail des clercs.

Nous avons vu à l'œuvre les clercs et les prêtres de Jésus-Christ. Partout les premiers au travail, comme saint Paul, docteur des nations et faiseur de tentes, ils entraînaient à leur suite tous ceux qui étaient nobles et libres, en même temps que les travailleurs esclaves. La honte du travail disparaissait. Les mains des ministres du Christ, sanctifiées et ennoblies par le contact de la chair sacramentelle de leur Dieu, avaient ainsi sanctifié et presque divinisé le travail auquel elles s'appliquaient. C'est là ce que l'ancien monde avait enfin compris.

Mais pourquoi ces prêtres, ces évêques, ces clercs séculiers ont-ils travaillé ?

Etaient-ils tenus au travail des mains ; cette obligation leur était-elle imposée par une loi de l'Eglise.

C'est en vain que nous cherchons dans les premiers temps du Christianisme, que nous interrogeons l'histoire

de l'Eglise, que nous questionnons les anciens auteurs. Partout le même silence.

Nulle part nous ne pourrons trouver une loi imposant le travail aux clercs de la primitive Eglise. Apôtres ou successeurs des Apôtres, ils avaient le droit strict de recevoir et d'exiger des fidèles le pain du corps en échange du pain spirituel qu'ils leur apportaient. Ils faisaient don de la vie surnaturelle, des bienfaits de la liberté des enfants de Dieu : n'était-il point juste que les fidèles vinssent faire offrande à leurs bienfaiteurs des aliments pour la vie matérielle? C'est là un point nettement spécifié par saint Paul.

Mais s'ils avaient ce droit, ils pouvaient aussi ne pas en user; saint Paul nous en offre un exemple saisissant. Dans son épitre aux Corinthiens il ne craint pas de dire : « Si nous avons semé en vous des biens spirituels, est-ce une chose étonnante que nous ayons le droit de recueillir de vos biens temporels ?

« Aussi le Seigneur a-t-il ordonné à ceux qui annoncent l'Evangile, de vivre de l'Evangile.

« Mais moi je n'ai usé d'aucun de ces droits. »

Ainsi faisait saint Paul pour ne gêner en rien les premiers chrétiens. C'est là un motif que les clercs pourront. alléguer.

Un second motif était la nécessité de fournir l'exemple aux fidèles.

Nous savons maintenant de la manière la plus certaine et la plus authentique dans quel état de profond mépris était tombé le travail dans l'ancien monde. Bien grande était donc la révolution à accomplir. Cependant cette révolution devait se faire. Dans son rude langage saint Paul disait aux fidèles : « *Qui ne travaille pas ne doit pas manger* »; et cette parole sortie de la bouche de l'Apôtre était répétée par tous les fidèles. Pour les uns c'était l'énoncé d'une loi, loi terrible et inexorable, qui saisissait tous les instants de leur vie, loi cruelle qui, mal interprétée par des maîtres sans conscience, rendait l'existence des esclaves ouvriers plus froide que la mort. Pour les autres, cette parole était une nouveauté incompréhensible. Au premier abord leur fierté de patriciens ou d'hommes libres s'était indignée. Mais peu à peu, sous l'action bienfaisante de la grâce divine, leur âme avait tressailli, leur esprit avait entrevu un état nouveau. Entraîné enfin par l'exemple des Apôtres, leur être entier s'était courbé sous les lois Evangéliques. C'est là surtout que l'exemple des premiers de la hiérarchie chrétienne exerça son influence et entraîna après lui les faibles ou les orgueilleux.

Un troisième motif était la pauvreté des clercs.

Les auteurs païens l'ont reconnu, les premiers chrétiens étaient des petits, des humbles. Leur société était composée des foulons, des savetiers, petites gens que méprisaient les grands. Leur gain était bien modique. La part péniblement prélevée pour le ministre de Dieu, bien que lourde pour la faible bourse des fidèles, était souvent insuffisante pour l'entretien matériel des clercs. De là pour ces derniers, la nécessité de gagner leur vie par le travail des mains. Remarquons bien cependant que cette pénurie de ressources n'était point le principal motif qui poussa les clercs au travail. Loin de là. Saint Paul, par exemple, faisait des collectes fructueuses parmi ses fidèles. Le produit en était porté aux frères, « aux Saints » de Jérusalem.

Dans la suite de l'histoire de l'Eglise nous trouverons une quatrième raison pour imposer le travail à certains clercs. C'est la nécessité de fuir l'oisiveté. L'Eglise, par la bouche de ses Docteurs, rappellera sans cesse aux siens, prêtres et fidèles, que l'oisiveté est la mère de tous les vices. Avec saint Jérôme elle leur dira qu'un homme occupé au travail lasse le démon, et que le démon cesse de le poursuivre. Au contraire l'homme est-il oisif, ce n'est pas un démon, mais une légion qui s'acharne après lui pour le perdre.

De tout ce qui précède et des textes apostoliques, nous pouvons facilement conclure au droit strict qu'avait le prêtre de vivre de l'autel, selon la parole de saint Paul. C'est en vain que nous avons cherché une loi, un décret quelconque, obligeant strictement les clercs séculiers au travail matériel. Nous avons seulement remarqué que de puissants motifs les y poussaient, et en fait on peut dire, sans crainte d'altérer la vérité, que les clercs dans les premiers temps de l'Eglise ont continuellement donné l'exemple du travail. Dans la suite l'Eglise fit de nombreux décrets sur le travail des clercs (1).

Travail des moines.

La vie monastique a dû prendre naissance vers le IIIe siècle.

Dès le IIIe siècle nous voyons, en Orient, des chrétiens qui vivent séparés du monde. Tantôt à l'écart, tantôt retirés auprès des villes et des villages, ils suivirent saint Antoine dans le désert (251-356). Les solitaires disséminés çà et là accouraient à l'envi pour se ranger sous ses règles. Avec lui saint Ammonius, saint Macaire d'Egypte (300-390), saint Macaire d'Alexandrie (306-395), saint Pacôme (292-348) contribuèrent à peupler les solitudes. Ce dernier gouvernait même de son vivant sept mille moines, auxquels il avait donné une règle.

Que faisaient tous ces moines ?

Tous, sans distinction, se livraient au travail.

« On connaît, dit Montalembert, les travaux variés et incessants qui remplissaient les journées des moines. On les voit dans leurs grossiers vêtements noirs et bruns, le capuchon sur la tête, quelquefois le manteau de poil de chèvre sur les épaules, occupés à défoncer le sol, à abattre des arbres, à pêcher dans le Nil, à traire leurs chèvres, à recueillir les dattes qui leur servent de nourriture, à tresser ces nattes sur lesquelles ils devaient mourir.

« D'autres sont absorbés par la lecture ou la méditation des saintes Ecritures. »

Ainsi que le dit un saint, les cellules réunies dans le désert étaient comme une ruche d'abeilles. Chacun y avait dans ses mains la cire du travail, dans sa bouche le miel des psaumes et des oraisons.

Les journées se partageaient entre le labourage et l'exercice de divers métiers.

Toutes les règles des patriarches du désert prescrivent

----

1. Lire ces documents dans *l'Église et le Travail manuel*, in-12, Lethielleux, rue Cassette, Paris, page 69 et suivantes.

l'obligation du travail, et toutes ces saintes vies l'imposaient encore mieux par leur exemple. On ne découvre aucune exception à ce précepte : les supérieurs étaient les premiers à la peine. Quand Macaire l'ancien vint visiter le grand Antoine, ils se mirent aussitôt à faire des nattes, tout en conférant de choses utiles aux âmes, et Antoine fut si édifié du zèle de son hôte qu'il lui baisa les mains en disant : « Que de vertus il sort de ces mains ! »

Les moines travaillaient pour acquérir des moyens de subsistance, pour faire du bien aux pauvres, pour exercer l'hospitalité envers les voyageurs, pour fuir l'oisiveté, pour imiter les Apôtres et les clercs, ainsi que nous l'avons vu plus haut. Tous avaient sans cesse à la bouche et dans le cœur le fameux texte de saint Paul : « *Qui ne veut pas travailler ne doit pas manger* » ; et celui du Psalmiste : « *Tu mangeras le fruit du labeur de tes mains.* »

Ces moines se livraient aussi au travail par obéissance. Les règles leur prescrivent le travail comme une obligation stricte : ils obéissaient. Saint Antoine n'hésite point à leur dire qu'ils doivent sans cesse être occupés de trois choses : le travail des mains, la méditation des psaumes, enfin la prière.

Il leur ordonne de se faire violence à eux-mêmes, de se contraindre au labeur des mains malgré les motifs qui sembleraient pouvoir les en excuser. Ainsi, dit-il, la crainte du Seigneur habitera dans leur âme.

Saint Macaire, comme le fera plus tard saint Benoît en Occident, prescrit à ses disciples *sept heures de travail manuel par jour*. Il leur recommande instamment d'accepter sans murmure tout labeur auquel le supérieur jugera bon de les occuper.

Saint Pacôme va plus loin encore. Non seulement, comme tous les patriarches de la vie monastique, il prescrit le travail à ses moines, mais sous les rigueurs ardentes du soleil dévorant de l'Orient, il défend à ses religieux de se reposer sans la permission de leur supérieur. Durant le travail il leur sera parfois permis de parler de choses saintes. En dehors de ces pieuses conversations, où rien de profane ne doit se glisser, ils doivent vaquer à la méditation et observer le silence.

Venu plus tard, saint Basile (329-379) profite de l'expérience de ses prédécesseurs. Il rassemble en un corps de loi les divers préceptes des Pères du désert et il en fait cette règle qui dirige encore, à l'heure actuelle, les moines grecs. Le travail y fait l'objet des plus sérieuses prescriptions, et le paresseux s'expose aux peines les plus sévères. Saint Basile ne comprend même pas que le jeûne soit un obstacle au travail.

Ce saint fondateur pousse si loin le culte et le respect du travail qu'il défend à tout étranger d'entrer dans l'endroit où les frères se livrent à cet exercice, comme si ce lieu était un sanctuaire inaccessible, où s'accomplissent des mystères redoutables. Il défend à tout religieux d'abandonner le travail auquel ses supérieurs l'occupent, comme s'il lui avait été imposé par la volonté expresse de Dieu. Sauf le supérieur, quiconque pénètre dans l'assemblée des travailleurs est un perturbateur de la discipline et de l'ordre général : il faut l'exclure du couvent et de toutes ses dépendances. Quant à celui qui s'occupe d'un labeur que lui a désigné l'ordre de son supérieur, il ne doit sous aucun prétexte le quitter pour s'employer à un autre sous peine de jugement et de correction. Saint Basile, pour justifier cette mesure qui peut paraître sévère, répète ces paroles de l'Apôtre : « Chacun doit persévérer là où l'a déjà appelé la volonté divine. »

En Occident, la vie monastique se répandit plus tard que dans l'Orient, vers le milieu du IVe siècle. Dieu sait cependant si l'exemple des moines était devenu nécessaire pour les populations de nos pays abâtardies par le joug impérial. Sans doute, les prêtres et clercs séculiers pouvaient partout représenter au milieu de ces populations les grandes idées de liberté, de dignité personnelle, d'activité et de travail. Malheureusement les prêtres et clercs séculiers n'avaient pas encore pu pénétrer dans tous ces pays, ou bien s'ils avaient fait la conquête de quelques-uns de ces territoires, ils étaient trop peu nombreux pour répandre partout d'une manière efficace les bienfaits de la civilisation chrétienne. Isolés le plus souvent, leur isolement ou leur petit nombre frappait parfois de stérilité leurs efforts incessants. Il était donc utile que les familles monastiques, selon le but de leur fondateur et la volonté de l'Église, vinssent par le grand nombre de leurs membres et leur stabilité aider les efforts des séculiers ou préparer leur arrivée.

Cassien (350-434 ou 440) fut un des premiers à porter dans l'Occident l'esprit monastique.

Il avait vécu cette vie que saint Jérôme, son contemporain (346-420), avait contemplée avec attendrissement dans l'Orient, et dont il nous parle dans sa préface aux règles de saint Pacôme.

Quand il eut rassemblé ses nouveaux frères des Gaules, Cassien leur fit partager sa vie, il leur communiqua ses pensées, il leur rappela les grands exemples qui avaient guidé sa jeunesse dans la Palestine et dans l'Egypte. Instruits par ses conseils, entraînés par ses exemples, les moines gaulois devinrent bientôt les émules de leurs frères orientaux. Quand Cassien mourut, tous ces disciples qu'il avait à la fois guidés dans la culture de l'âme et le travail des mains, comprirent que dans cette double activité devait désormais se résumer pour eux le but de leur vie.

A peu près à la même époque et sur les mêmes principes, saint Martin (316-400) fondait le célèbre monastère de Ligugé près Poitiers, et plus tard, devenu évêque de Tours, il bâtit celui de Marmoutiers. Dans ces deux monastères la règle du travail manuel était imposée à tous les moines.

Le véritable fondateur de la vie monastique dans l'Occident fut saint Benoît ; il remplit dans nos pays la fonction de fondateur et de régulateur monastique comme saint Basile dans l'Orient. Après avoir fondé à Subiaco et au Mont Cassin des couvents illustrés par le grand nombre et la valeur de ceux qui en faisaient partie, il composa cette règle qui fut la véritable règle des Ordres monastiques en Occident. J'ai dit la véritable règle des Ordres monastiques en Occident : cela est si vrai que les conciles l'ont louée et même prescrite comme règle propre à tous les moines occidentaux.

La règle de saint Benoît contient en soixante-treize articles les prescriptions qui doivent faire du religieux un élu de Dieu. Le principe qui dirige le fondateur est celui-ci : *la vie du religieux doit être toute de travail et d'obéissance.* Un trait de la vie de saint Benoît nous montre la mise en œuvre de ce principe. Un Goth, devenu frère convers à Subiaco, avait laissé tomber au fond d'un lac l'outil qui lui servait à cultiver la terre. Saint Benoît, pour consoler et instruire cet ouvrier malhabile, retire miraculeusement du fond des eaux l'instrument perdu et, le rendant au frère convers interdit et en larmes, prononce ces paroles mémorables : « Prends ce fer, travaille et console-toi. » Paroles symboliques, dit Montalembert, où l'on aime à voir comme un abrégé des préceptes et des exemples prodigués par l'ordre monastique à tant de générations de races conquérantes : « *Ecce labora !* Prends, travaille. » L'Eglise s'empare des glaives, des boucliers du vainqueur et, de ce fer qui servait à moissonner les gloires de la guerre, elle fera des socs de charrues et des faulx, pour recueillir les fruits de la paix et de la civilisation chrétienne.

Saint Benoît, comme Cassien et, avant Cassien, saint Antoine, ne veut pas que ses religieux se bornent au travail intérieur, à l'action de l'âme sur elle-même, il leur fait une obligation stricte du travail extérieur, manuel ou littéraire.

A certaines heures les frères s'occuperont du travail manuel. A d'autres heures fixées aussi, ils devront lire les saintes Lettres. Si la nécessité ou la pauvreté du couvent vous contraignent à faire toutes vos cultures et vos récoltes vous-mêmes, soyez-en heureux. Alors vous serez vraiment moines, vous vivrez du travail de vos mains, comme vos Pères l'ont fait et les Apôtres avant eux.

La règle fixe minutieusement l'emploi de chaque heure de la journée selon les saisons et veut qu'après avoir célébré les louanges de Dieu sept fois par jour, il soit donné sept heures par jour au travail des mains et deux heures à la lecture.

Remarquons bien ici que les plus faibles comme les plus robustes étaient assujettis à ces six ou sept heures d'exercices manuels. Il était seulement réservé à la sagesse du supérieur de mesurer le genre et la quantité de travail à la force de chacun.

Le travail auquel s'employaient les moines était de deux espèces, celui des champs et celui des ateliers.

Après la mort de saint Benoît (553), son œuvre était si

solidement établie que jusqu'au XIIIe siècle son ordre n'exi-
gea pas de réforme de la part de l'Eglise. De Subiaco et du
Mont Cassin sortirent des moines en grand nombre qui
allèrent dans tout l'Occident porter, avec la règle de leur
saint fondateur, les bienfaits sociaux de leur exemple.

En Angleterre, à peu près vers la même époque, nous
trouvons un autre saint Benoît. Comme le fondateur du
Mont Cassin, saint David, moine et évêque (458-544), réunit
autour de lui un grand nombre de religieux. Il leur impose
une règle, où il fait à tous ses disciples une obligation stricte
du travail manuel et intellectuel. Ce travail agricole était si
rigoureux que les moines gallois devaient non seulement
scier le bois et bêcher la terre, *mais de plus labourer eux-
mêmes attelés à la charrue sans l'aide de bœufs, chacun
devant être son propre bœuf.* A peine le labourage terminé,
ils rentraient dans leurs cellules pour y passer le reste de
la journée à lire et à écrire.

A quelque temps de là (522-590), nous voyons un fils du
roi de la Cambrie méridionale, saint Cadoc ou Kadok, faire
du monastère du Lancarvan un grand atelier pour les métiers et une bibliothèque pour les lettres. Sous lui, ces
moines défrichent des forêts et cultivent des champs qu'ils
ont péniblement conquis par leur travail, puis, pour se reposer, ils copient les manuscrits et en particulier la Bible.

Dans l'Irlande, la verte Erin, la terre des saints, les
moines couvrent le sol de monastères, comme d'un saint
vêtement. Il nous suffira de citer, avec Montalembert, Mo-
nasterevan fondé en 504 sur les bords du Baworn, Monas-
terhoym dans la vallée de la Boyne, Innisfallen dans une
île si pittoresque du lac de Killarney et surtout Glendalough,
ou Vallée des deux Lacs, fondé par saint Hevin, l'un des
premiers successeurs de saint Patrice. Clonard, fondé par
saint Finnial, élève de saint David, Bangor d'où sortit saint
Colomban, le fameux apôtre de la Calédonie, des Gaules,
des Allemands et des peuples des Apennins.

En Ecosse, dans les Hébrides, nous remarquons le fameux
monastère de l'île d'Iona. Fondé par saint Colomban, il fut
l'origine de pléiades de moines marins et de moines cultivateurs, tous apôtres de l'Ecosse.

Tous ces monastères étaient soumis à des règles semblables à celles de saint Benoît. Cependant saint Grégoire, vers la fin du VI⁰ siècle, conçut le projet de faire connaître en Angleterre cette dernière règle. Pour cela, il envoya le moine Augustin dans ce pays avec quarante autres bénédictins. Ils abordèrent au pays de Kent, et bientôt le roi de ce pays reçut le baptême (2 juin 597). Augustin, devenu archevêque de Cantorbury, établit dans beaucoup de monastères la règle de saint Benoît. Bientôt cette règle se répandant peu à peu prit ces fortes racines qui lui ont permis de couvrir l'Angleterre d'un très grand nombre de monastères.

Après saint Benoît, la vie monastique eut encore un législateur plus sévère, saint Colomban (543-615). Il avait puisé à Bangor le zèle de l'apostolat. Parti de ce monastère, il vint en Gaule avec douze de ses compagnons, et fonda d'abord en Bourgogne le monastère d'Annegrey. Le nombre des disciples augmentant sans cesse, il éleva au pied des Vosges le couvent de Luxeuil et enfin celui de Fontaines. La règle voulait que le travail alternât avec la prière, comme dans celle de saint Benoît. La Gaule était alors couverte de forêts et l'activité des disciples de saint Colomban put librement se donner carrière. Tous, riches et pauvres, étaient astreints aux travaux de défrichement que le Saint dirigeait lui-même. Tous étaient employés successivement à labourer, à faucher, à moissonner, à fendre le bois. Avec l'impétuosité qui lui était naturelle, saint Colomban ne ménageait aucune faiblesse : « *Il fallait que le moine se mît au lit si fatigué qu'il dormît déjà en y allant et qu'il se levât avant d'avoir assez dormi.* »

Sa règle, qu'il perfectionna jusqu'au jour de sa mort, est plus sévère que celle de saint Benoît. Composée de dix chapitres, elle prescrit le travail en même temps que le silence perpétuel, la prière, le jeûne et l'abstinence quotidienne. Toute infraction à la règle, *surtout à la règle du travail, était punie de la peine du fouet.* Cette peine pouvait aller jusqu'à deux cents coups de fouet. C'est à ce labeur perpétuel et excessif que la moitié de notre pays et de l'Europe est redevable de sa culture et de la vie.

Les prescriptions de saint Benoît et de saint Colomban furent observées fidèlement par les disciples de leurs règles et par les familles religieuses issues de leurs ordres. Par exemple, les Camaldules, la congrégation de Vallombreuse, les Grandmontins, les Cisterciens, les Guillelmites, les Sylvestrins, etc..., observèrent fidèlement la règle de leur patriarche saint Benoît et conservèrent son amour du travail.

Saint Isidore d'Espagne, venu longtemps après ces fondateurs d'Ordres, ne craint pas de se faire l'écho de leurs voix, bien que les conditions sociales aient déjà beaucoup changé en Occident. Il dit et affirme nettement, que le moine doit toujours travailler de ses mains, qu'il doit toujours s'appliquer à toutes sortes de travaux, selon le mot de saint Paul : « *Nous n'avons pas mangé du pain qui ne nous coûtait rien, mais nous l'avons gagné par un labeur de jour et de nuit.* »

Jusqu'au XIIe siècle nous sommes donc en présence d'un fait constant, d'une doctrine uniforme dans les familles monastiques; c'est le fait et la doctrine du travail manuel obligatoire pour les moines.

Vers le XIIIe siècle des contestations s'élèvent. Sans nul doute, personne n'oserait mettre en doute la sainteté du travail manuel, sa noblesse, son honorabilité. Certains cependant se demandent s'il ne serait pas aussi utile pour un grand nombre de travailler à la gloire de l'Eglise par le labeur intellectuel?

Dans les Ordres nouveaux, parmi les Carmes, les Franciscains, les Frères Prêcheurs, une grande partie s'adonne bien volontiers au travail intellectuel, pendant que les disciples de saint Benoît restent fidèles au travail manuel et à la copie des manuscrits.

Mais remarquons bien cependant que saint Albert recommande aux Carmes le travail manuel afin de ne pas tomber dans l'oisiveté. Saint François fait dans son testament cette recommandation à ses fils : « J'ai travaillé de mes mains. Ma volonté est ferme sur ce point, je veux que mes frères travaillent avec courage à un labeur honnête. Ceux qui ne connaissent pas de métier en apprendront un, non sans doute à cause du salaire qu'ils en pourront recevoir, mais pour le bon exemple et pour chasser l'oisiveté. »

Saint Bonaventure (1221-1274) explique cette modification apportée à la manière de vivre de certains religieux. Il répond à ceux qui reprochent aux Franciscains de ne pas travailler tous et de leurs mains : « Bien que le travail paraisse aboli, néanmoins tout le monde travaille dans ces nouvelles communautés. Les uns s'exercent à la prédication, les autres à l'administration des sacrements, à la prière, à l'étude, à des arts mécaniques, au soin des infirmes, par conséquent tout le monde est saintement occupé, nul ne néglige le travail et n'est à charge à l'Eglise en mendiant. »

Au xive siècle, le concile de Londres (1382) sanctionne cette manière de voir des membres des nouveaux Ordres religieux. Certains hérétiques ayant prétendu, à la suite de Wiclef, que les religieux mendiants étaient tenus au travail manuel comme les anciens moines et que par conséquent ils devaient cesser de mendier, le concile répondit par un canon où il niait expressément les affirmations des hérétiques.

Au xve siècle, le concile de Constance eut à répondre à la même prétention. Sa réponse fut identique à celle du concile de Londres.

Au xvie siècle, en 1536, un concile tenu à Cologne recommande aux moines de ne pas rester oisifs et de profiter de l'exemple des moines anciens de l'Egypte.

Dans le même siècle (1545-1563), se tint le concile de Trente. Que pense-t-il de la question qui nous occupe?

Nous pouvons le savoir indirectement. Il ordonne que dans les monastères on ne reçoive qu'un certain nombre de religieux. Ce nombre sera fixé par les revenus du couvent ou des aumônes ordinaires.

Le concile ne fait pas mention du travail des mains parmi les sources de revenu du couvent. Il approuve donc la manière de voir des nouvelles familles religieuses.

A l'heure actuelle, nous savons que, parmi les moines, les uns comme les Trappistes s'adonnent en grande partie au travail manuel, les autres au labeur intellectuel, les autres viennent en aide aux séculiers dans le ministère des âmes.

Les religieux grecs, au contraire, ont toujours persévéré dans la règle de saint Basile, pour la majeure partie au moins. Ne pourrait-on pas regretter, peut-être, que le tra vail manuel ait fait tort au travail intellectuel et à la science, surtout quand ces moines sont prêtres?

Quoi qu'il en soit de ce changement de discipline dans la vie des moines, changement partiel, nous l'avons vu, nous devons en toute justice rapporter à leur exemple et à celui des prêtres séculiers la grande révolution qui s'est opérée dans le monde du travail.

CHAPITRE IV

Épanouissement de l'idée chrétienne.
Le travailleur agricole. — La propriété.

Le travail, et en particulier le travail des mains, sera désormais ennobli. Aux anciens esclaves avaient succédé saint Joseph, le charpentier, et son divin élève Notre-Seigneur Jésus-Christ. Après eux étaient venus les Apôtres, les clercs, les moines. Tous avaient travaillé, et honorés de ressembler à leur Fondateur, ils avaient entraîné à leur suite les chrétiens. Le travail était même devenu la marque du véritable chrétien.

Les invasions des barbares et parfois les excès de la féodalité vinrent ternir l'œuvre de l'Eglise. Mais même à ces époques troublées, quand la colère de Dieu semblait pousser sur les vieux peuples les flots fangeux des nations envahissantes, les artisans vécurent sous la protection de l'Eglise, soit dispersés comme serfs sur les terres des seigneurs, soit comme clercs dans leurs paroisses, ou comme moines dans les couvents.

En même temps que l'Eglise rendait au travail sa noblesse primitive, elle voulait donner à tous les travailleurs la joie des enfants de Dieu. Or, il n'y pas de joie en ce monde pour un homme esclave qui n'entrevoit pas comme possible, un jour ou l'autre, son émancipation. C'est pourquoi l'Eglise s'emploie par tous les moyens à procurer à ses fils esclaves le bienfait de la liberté. Elle s'insinue dans la législation romaine, et aux modes d'affranchissements légaux, volontaires, privés ou publics, par le cens, la vindicte, le testament, la volonté de la loi et le *postliminium*, elle vient en ajouter de nouveaux. Dans le Bas-Empire, *l'Eglise devient pour beaucoup le berceau de la liberté*. Dans ses temples se font bon nombre d'affranchissements, et pour cela aucune formalité légale n'est requise. Il suffit que le maître vienne déclarer, à la face des pontifes, qu'il veut libérer un esclave. Lactance nous dit que cela se pratiquait surtout les jours d'ordination, les dimanches et les fêtes, et nous en trouvons la sanction légale dans les constitutions 1 et 2 du Code Justinien.

L'influence de l'Eglise se fait encore plus sentir par l'introduction de certaines clauses légales dans le code nouveau. Par exemple l'esclave violée par son maître était par le fait même rendue à la liberté. L'entrée dans les Ordres était un mode d'extinction de la condition servile grâce à la même influence.

Nous sommes loin du temps où le maître pouvait faire jeter son esclave âgé et infirme sur les marches du temple d'Esculape comme un outil brisé ou un cheval fourbu et hors de service.

C'est à cette soif d'émancipation, à cet amour de liberté, qu'il faut rattacher les lâchers de pigeons au moyen âge. Dès le XIIIe siècle, à certains jours de fête, sur le seuil des églises et des cathédrales, le curé ou l'évêque, suivi de son clergé et des fidèles, rendait la liberté à des pigeons retenus en cage. Ces derniers s'envolaient gaiement au son des cloches et des carillons, vivant symbole, joyeux mémorial de l'œuvre bienfaisante du catholicisme. Ils semblaient rappeler au monde que l'Eglise n'ayant plus ou presque plus d'hommes à libérer dans ces pays, cédait cependant à une passion native, en donnant la liberté à tous, aux animaux même.

Pour accomplir cette œuvre de liberté, qui devait relever le travailleur, l'Eglise se servit surtout d'une institution déjà existante, *le colonat*.

Nous ne voulons pas parler ici du colon partiaire, de celui qui s'entend librement avec le maître d'un champ pour partager avec lui sa récolte.

Le colon des premiers temps du christianisme rappelle

un peu l'esclave auquel il s'est souvent substitué. Comme le définit Justinien, c'est *un cultivateur attaché à une terre dont on ne peut pas le déplacer et qui demeure libre moyennant une redevance*. C'est le servage administratif du Bas-Empire qui fut la source la plus féconde du colonat.

L'empereur Constantin avait fait une constitution pour assurer la culture des terres en même temps que la perception des impôts. La misère croissant sans cesse chez les malheureux cultivateurs de l'époque, la loi rendit les propriétaires responsables du non-paiement des contributions et les contraignit même à payer au trésor public les sommes dues par leurs fermiers. Les propriétaires, on le comprend aisément, se prêtèrent de fort mauvaise grâce à ces nouvelles obligations et obtinrent de faire matriculer les cultivateurs de leurs terres sur les registres du fisc. Dès lors ils acquirent un droit très considérable au détriment de leurs fermiers ; le droit d'empêcher ces derniers de déserter leur exploitation agricole. Ils pouvaient en effet les faire poursuivre et les faire réintégrer sur leurs terres. Dès lors le colon devint ce qu'on est convenu d'appeler *Membra terræ* attaché à la glèbe, au sol qu'il doit cultiver.

Certains esclaves perdus dans de vastes propriétés furent intéressés à la culture. Les maîtres espéraient ainsi obtenir plus sûrement, et d'une manière plus abondante, les revenus de leurs terres. Ces esclaves, devenus de nouveaux colons, sûrs de rester toujours sur le sol qu'ils cultivaient, le soignaient avec amour. Ils en léguaient ensuite l'exploitation à leurs enfants avec la quasi liberté dont ils jouissaient et dont la terre était pour eux l'origine et la gardienne.

Nous avons vu, dans un chapitre précédent, que certains hommes libres, comme l'auteur comique Plaute, louaient parfois leur travail à un entrepreneur. C'était pour eux un moyen de ne pas mourir de faim. Plusieurs de ces hommes libres demandèrent à la culture des terres les moyens de subsistance que d'autres cherchaient dans le travail de l'industrie. Ils devinrent ainsi une des sources du colonat.

Enfin, des barbares eux-mêmes furent souvent attachés par leurs civilisateurs à une propriété dont ils étaient constitués les gardiens, à charge pour eux de l'exploiter, de donner au maître une partie des fruits et d'en léguer plus tard la culture à leurs enfants. C'est pourquoi, au viie siècle, saint Isidore définit les colons : « *des cultivateurs étrangers qui ont une tenure mercenaire du sol pour lequel ils paient une contribution.* »

Parmi ces colons, les uns étaient libres, quoique nommés *serfs de la terre.* Transférés avec le sol, ils le cultivaient pour eux-mêmes sans devoir le plus souvent aucune rede-vance. Ils avaient les droits des hommes libres et pouvaient se marier. Les autres s'appelaient *adscriptitii,* et leurs droits étaient moins étendus.

Les barbares trouvèrent le colonat constitué dans l'Empire romain, et ils l'acceptèrent. Il est bon cependant de remarquer que, dès les premiers temps des invasions, la situation des colons s'aggrave singulièrement. L'Occident était alors profondément bouleversé, le pouvoir central devenait de plus en plus faible, et le pouvoir local se fortifiait dans une proportion inverse.

Heureusement l'Eglise chrétienne veillait et ses missionnaires continuaient leur œuvre de liberté malgré le cataclysme qui s'était déchaîné sur l'Empire romain. *Sous le nouveau régime, à la faveur du christianisme, l'esclavage se confond presque avec le colonat;* à un moment les deux paraissent même complètement confondus. Sans doute, nous n'hésitons pas à l'avouer, le colonat y perd un peu, mais l'esclavage y gagne beaucoup. On demande aux uns et aux autres une même redevance en argent ou en nature pour le champ qu'ils cultivent et bientôt même pour beaucoup la corvée vient remplacer cet impôt pécuniaire.

Au ixe siècle, le colon progresse, il n'est plus le simple habitant de la terre qu'il féconde par son travail et par ses sueurs, il acquiert le droit au champ colonial. Vers le xe siècle, nous trouvons rarement le nom de colon, il est fort peu usité dans la langue ordinaire et dans celle du droit. Enfin, au xiiie siècle, les grands jurisconsultes n'en parlent même plus. Ce mot est désormais remplacé par eux par celui de *vilanus,* « vilain ». Remarquons aussi qu'à cette époque, ce n'est plus l'homme, mais la terre qui est affligée par les redevances dues aux chefs quels qu'ils soient.

Qui ne voit que cette transformation est due à l'influence de l'Eglise? La présence du colon, son existence a rappelé aux maîtres chrétiens la dignité de l'esclave qui remplissait le même office. Le jour où le serf attaché à la glèbe apparut avec sa personnalité humaine, ce jour-là, grâce au christianisme, l'esclavage a disparu. Chacun pouvait entendre et répéter le principe chrétien : « *L'homme ne doit pas appartenir à l'homme. L'homme est à Dieu, le cens à l'empereur.* »

Le colon devenu vilain, et possesseur des terres qu'il cultivait, vit s'alléger et bientôt disparaître les obligations matérielles qui lui incombaient. Entré dans la commune, il figure bientôt aux assemblées provinciales, et il fit le dernier pas dans cette voie du progrès social, quand le suffrage de ses pairs l'envoya prendre rang aux états du royaume. Ainsi, grâce à l'Eglise, le peuple, qui avait commencé par l'excessive servitude, arrive graduellement, et comme pas à pas, à la souveraineté nationale.

Protection pontificale et épiscopale.

Un penseur a pu dire très justement : « *On ne doit aux papes que la vérité et ils n'ont besoin que d'elle.* » En effet, plus on étudie l'histoire des pontifes romains et plus on se sent pris d'admiration et de reconnaissance pour leur conduite. Les travailleurs des mains, les artistes, les savants, ne devraient jamais oublier la dette de gratitude qu'ils ont contractée à leur endroit. Même aux époques brutales pendant lesquelles, selon le mot du vieux jurisconsulte Loisel : « Un seigneur de paille, feurre ou beurre, vainc et triomphe vassal d'acier », les papes n'ont pas craint de faire entendre leur voix. Ils ont toujours opposé à la tyrannie césarienne ou à la barbarie des nomades envahisseurs les justes doctrines de l'Eglise. Dans leur sollicitude pour la classe laborieuse, ils voulaient que l'action économique eût pour objectif, non l'intérêt personnel, non la cupidité insatiable, avide de posséder et de jouir, mais l'amour fraternel unissant tous les hommes et s'offrant à tous les esprits comme la vraie solution sociale. *Ils ten-*

daient par tous leurs efforts à faire des lois éternelles de droit et de justice, si hautement proclamées par l'Eglise, la base de l'économie sociale.

Dès son avènement au trône pontifical saint Grégoire (598-604) écrit à Pierre, administrateur des biens de l'Eglise en Sicile, une lettre qui mérite d'être inscrite au rang des plus nobles titres de la Papauté : « Nous avons appris que les paysans sujets de l'Eglise sont cruellement obérés par la perception arbitraire du prix de leurs redevances de blé : nous voulons qu'en tous temps, il leur soit tenu compte des prix courants. Nous retranchons toutes les exactions honteuses qui excèdent le prix des baux accordés aux fermiers. Et pour qu'après notre mort même, nul ne puisse les charger de nouveau, faites leur donner une investiture par écrit qui porte la somme que chacun doit payer. Nous ordonnons que tout ce qui a été injustement exigé des colons leur soit restitué sans qu'il en reste aucun profit pour nous et nos agents, car *nous ne voulons pas que les coffres de l'Eglise soient souillés par des gains sordides.* »

La sollicitude de saint Grégoire ne s'arrêtait pas au domaine de l'Eglise de Rome, elle s'étendait plus loin. Elle surveillait l'Eglise naissante d'Angleterre, approuvait la conduite des évêques de Gaule et n'hésitait même pas à envoyer un blâme à un évêque quand la conduite de ce dernier à l'égard des habitants de ces terres semblait le mériter. Nous en avons pour preuve une lettre à un évêque de Sardaigne, Lucifer, évêque de Cagliari.

A peu près à la même époque, et pour assurer l'exécution fidèle de ses volontés, le pape fait un choix scrupuleux des ecclésiastiques nommés *defensores* qu'il envoie dans les provinces pour administrer les biens de l'Eglise Romaine. Il leur fait de plus jurer devant le tombeau de saint Pierre d'avoir un soin tout particulier des pauvres. « Quel spectacle, dit un auteur contemporain, que celui de ce vieillard rappelant, devant les reliques du disciple aux mains calleuses, qui fut l'incarnation vivante du monde du travail, le rôle social de la papauté ! »

Les conseils de saint Grégoire ne furent pas oubliés par ses successeurs.

A l'exemple des souverains pontifes, les évêques sont

heureux de protéger les classes agricoles. Au XIIᵉ siècle, nous avons sur ce point deux documents précieux. Ce sont *la charte et la loi de Beaumont*. Cette ville eut la gloire, non pas d'imposer sa loi, mais de la voir adopter par de nombreuses communes, parmi lesquelles se distinguent Nancy, Lunéville, Verdun, Luxembourg, Longwy, avec tout le duché de Bar, Montmédy, etc. Un évêque, Guillaume, à qui son équité valut le surnom de Guillaume « aux blanches mains », fut l'auteur de cette charte et de cette loi au XIIᵉ siècle (1179). Par cette charte, le seigneur-évêque fit tous les habitants de la commune de Beaumont propriétaires d'une portion de terrain suffisante pour assurer leur existence avec l'usage des bois et des eaux. Tout fut prévu pour empêcher la fraude dans le commerce et l'industrie, surtout en ce qui concerne les meuniers, les boulangers et les bouchers; enfin l'administration de la commune fut confiée à quelques bourgeois élus par les notables, sans que la brigue pût altérer la sincérité des suffrages indépendants et éclairés des bourgeois électeurs.

La durée de cette loi de Beaumont en démontre le mérite, car, malgré les vicissitudes des temps, cinq cents communes la suivaient encore au XVIIIᵉ siècle.

Quelques années après la charte et loi de Beaumont, Clément IV pose un principe d'où ses successeurs à la papauté tireront de nombreuses conséquences. Par un rescrit publié en 1244, ce pontife permet à tout étranger de défricher le tiers d'un domaine que son propriétaire s'obstine à ne pas cultiver. On comprend facilement combien une pareille loi dut ranimer la vie agricole dans la campagne romaine. Malheureusement, le départ des papes pour Avignon et leur séjour dans cette ville (1309-1376) découragèrent les bonnes volontés des ouvriers tout en excitant le mauvais vouloir des anciens propriétaires dépossédés. Ce décret tomba rapidement en désuétude.

Après la mort de Clément V (1314) le cardinal Napoléon Orsini dit au roi de France qu'en transférant le Saint-Siège à Avignon, les papes avaient mis Rome à deux pas de la ruine. Quelques années après (1347), Cola di Rienzo disait que la Ville Éternelle ressemblait plutôt à une caverne de brigands qu'à une résidence d'hommes civilisés. Et cela était profondément vrai : ruine dans Rome, désolation, dévastation, solitude aride dans la campagne romaine, tel était le tableau que pouvait contempler tout visiteur.

Heureusement pour Rome et l'Italie les papes quittèrent Avignon et purent bientôt continuer l'œuvre de protection poursuivie par les pontifes romains. Le gibier destiné aux chasses de quelques patriciens, un maigre troupeau errant çà et là, voilà quels étaient les seuls habitants des alentours de Rome quand Sixte IV fut élu. Ce pape fut ému d'un si triste spectacle. S'appuyant sur le décret de Clément IV, il fit paraître un édit, rappelé très souvent par ses successeurs. D'après cette ordonnance : « Il sera permis à l'avenir et toujours, à tous et à chacun, de labourer et d'ensemencer dans le territoire de Rome et du patrimoine de saint Pierre, un tiers des champs incultes, à leur choix, quel qu'en soit le tenancier, pourvu que, même sans l'obtenir, on en ait demandé la permission. »

Par la même ordonnance il fut commandé à tous, quelle que fût leur autorité, de ne s'opposer en rien aux volontés pontificales et de ne point entraver les nouveaux ouvriers venus pour défricher les terrains incultes. Prévoyant les différends qui pourraient s'élever entre les anciens propriétaires et les nouveaux cultivateurs, le pape instituait des tribunaux spéciaux, désignait lui-même les juges et assurait l'exécution des sentences par les peines les plus sévères.

Avec le décret de Sixte IV une ère de bonheur sembla s'ouvrir pour la classe agricole en Italie. Jules II continua l'œuvre (1503-1513) de son prédécesseur. Il eut à lutter contre le mauvais vouloir des barons romains dont il ne peut vaincre la résistance qu'en lançant l'excommunication.

Adrien VI, après la mort de Jules II, ne put pas, pour plusieurs motifs, contenir la cupidité des anciens possesseurs de « latifundia », et tout était encore une fois à refaire quand Clément VII fut élu au souverain pontificat. Le nouveau pape, profondément affligé par cet état de choses, publia le dixième jour des calendes de mars 1525 un décret pour rappeler l'obéissance aux anciennes lois pontificales.

En 1566, le 11 octobre, le pape Pie V, après avoir renouvelé les prescriptions de Clément IV, Sixte IV, Jules II et Clément VII, apporte aux droits des créanciers ou anciens propriétaires une nouvelle restriction. Désormais, et sous aucun motif, on ne pourra gêner le travail des bœufs de labour. Aucune hypothèque ne pourra être prise sur ces mêmes bœufs et sur tout autre instrument servant à cultiver la terre.

Moins de quarante ans après la constitution de Pie V, le pape Clément VIII déplore encore vivement la malheureuse situation de la ville de Rome dans son *motu proprio* du 4 décembre 1600, et renouvelle toutes les prescriptions de ses prédécesseurs. Voulant, de plus, mettre un terme aux combinaisons immorales de certains individus qui ne craignaient pas de spéculer sur l'abondance ou la rareté du blé, il défend de transporter ces céréales en dehors des domaines pontificaux.

Dans ses courses aux environs de Rome, Clément VIII avait pu constater combien le travail agricole est difficile quand le soleil inonde les plaines de rayons brûlants. Il veut tâcher d'obvier aux fatigues des laboureurs dans la mesure du possible. C'est pourquoi, se souvenant que le bœuf était l'animal le plus propre au travail dans ces campagnes, que par sa mort même il enrichissait le cultivateur, le pape énonce le désir de voir le nombre des bœufs de labour grandir encore.

Pour arriver à ce but, le pontife déclare aux bouchers qu'ils ne pourront acheter des bœufs, des veaux et même des vaches, si ces animaux sont capables de labourer.

La sollicitude du pouvoir pontifical allait jusqu'à défendre l'exportation de ces animaux sous peine de confiscation.

Chose incroyable, qui peut prouver surabondamment la bonté paternelle du gouvernement ecclésiastique, le pape Paul V dut renouveler ces prescriptions le 19 octobre 1611.

La mauvaise volonté de quelques membres de la noblesse romaine grandissait sans cesse. De même aussi, il faut l'avouer, la paresse de beaucoup de cultivateurs. Et puis, le souffle pestilentiel de la réforme était déjà passé sur l'Eglise !

Pendant qu'une partie des forces agricoles était stérilisée

par la pauvreté, *l'usure* dévorait le fruit des travaux de beaucoup de laboureurs.

C'est pourquoi, de tout temps, l'Eglise avait considéré l'usure comme un vol. C'était l'horrible exploitation du malheur d'autrui, et nos cultivateurs savent quel fléau tentant est cette forme illégale du prêt et malheureusement aussi combien de ruines elle cause.

Les papes s'étaient plu à l'accabler d'anathèmes, ils l'avaient proscrite sous toutes ses formes. Le pape Alexandre III, après avoir renouvelé l'excommunication qui punissait ce délit, refusait même de recevoir pour une cause sainte les offrandes des usuriers et de leur accorder la sépulture en terre bénite.

Benoît XIV avait entendu les plaintes douloureuses des laboureurs, dont un grand nombre succombaient, atteints par ce fléau de l'usure. Déjà avant son élévation au souverain pontificat il avait écrit « que tout profit tiré du prêt, précisément en vertu du prêt (c'est-à-dire sans que le prêteur ait le titre du gain cessant, du dommage possible, du péril couru par la chose prêtée) est usuraire, défendu par tous les droits ». Plus tard, parvenu à la papauté, Benoît XIV adresse aux évêques d'Italie la fameuse encyclique *Vix pervenit*. C'était le 1ᵉʳ novembre 1745. Cette lettre expose les mêmes principes et les appuie par des censures.

On sait que la seule forme permise du prêt à intérêt était ce qu'on appelait *l'achat de rente*, c'est-à-dire l'obligation contractée par le débiteur de payer une rente au créancier, en échange de la possession d'un fonds de terre. En règle générale, le débiteur seulement, non le créancier, avait le droit de dénouer le contrat; mais le créancier ou son héritier pouvait, en remboursant le prix d'achat, racheter en même temps l'intérêt resté à sa charge.

Benoît XIV, pour empêcher le pauvre cultivateur d'avoir recours à l'usurier, avait partout encouragé les *monts-de-piété*. Ces banques de prêts avançaient de petites sommes aux malheureux contre des gages ou de modiques redevances destinés à entretenir des établissements.

Tous les efforts du pape devaient être rendus stériles par le mauvais vouloir de la noblesse romaine.

C'est en vain que, depuis la venue de Jésus-Christ, ses

vicaires avaient partout répandu l'idée chrétienne qui proscrit l'égoïsme et base l'ordre social sur la charité, la justice et la liberté. A la fin du XVIIIe siècle, les propriétaires de « latifundia » à Rome ne se cachent pas pour enlever la terre aux cultivateurs, pour la rendre stérile et déserte en chassant des ouvriers qui la font valoir.

Pour remédier à ce malheureux état, Pie VI, le 17 février 1783, ordonne la revision du cadastre et publie un *motu proprio* célèbre. Mais des grands propriétaires surent étouffer la voix du Pontife Romain. Pie VII dut redire bientôt solennellement au monde les enseignements de ses prédécesseurs.

C'est pourquoi il ne nous déplaît pas de citer la harangue de Fabre de l'Aube à Pie VII, au moment de son passage à Paris. On verra comment le tribunal et le corps législatif jugeaient les actes et les lois du souverain pontife.

« Si nous examinons la conduite de Votre Sainteté dans le gouvernement intérieur de ses Etats, que de nouveaux sujets d'éloge et d'admiration ! L'agriculture, le commerce et les beaux-arts reprennent dans l'Etat romain leur ancienne splendeur. Les privilèges et les exemptions ont été abolis; depuis le prince jusqu'à son dernier sujet, chacun paie en proportion de son revenu.

« Le cadastre des provinces ecclésiastiques commencé en 1775, et celui de l'*agro romano* commencé par Pie VI, votre auguste prédécesseur, sont terminés, et ils ont reçu la perfection dont ils étaient susceptibles. Un bureau des hypothèques a été organisé, et la bourse des capitalistes est ouverte aux propriétaires malaisés. Des primes ont été accordées à ceux qui ont fondé des établissements d'agriculture et de plantations. La campagne romaine, depuis longtemps inculte et stérile, sera bientôt couverte de bois, comme dans le temps de la splendeur romaine. Une loi oblige les grands propriétaires à mettre leurs terres en culture, ou à abandonner pour une modique redevance celles qu'ils ne pourraient pas faire travailler. Enfin l'assèchement des marais Pontins, en rendant à l'agriculture de vastes terrains, contribuera à la salubrité de l'air et à l'accroissement de la population de cette partie de l'Etat romain »..

Brutalement interrompus dans leur œuvre, les papes ne perdirent pas cependant le courage et la volonté d'aider les classes agricoles. Vers la fin de son règne, avant son inique et sacrilège spoliation, Pie IX léguait les Pères Trappistes des Trois-Fontaines à la campagne romaine.

Il voulait ainsi donner un dernier gage d'amour aux ouvriers des champs. Depuis...

La confrérie.

Nous avons vu l'Eglise s'occuper des agriculteurs avec un amour vraiment maternel. Nous allons voir maintenant ce qu'elle a fait pour les ouvriers de l'industrie.

Comprenant que seul, et livré à lui-même, l'ouvrier ne serait point assez fort pour résister, comptant aussi sur les bienfaits sans nombre de l'association, l'Eglise favorisa dans la classe ouvrière, les confréries, les corporations, les unions de tout genre. Elle reliait ainsi ensemble toute la population industrielle des villes.

Les sociétés qui se rattachaient les unes aux autres, formaient un grand ensemble, un corps hiérarchique organisé, régi par ses propres règlements et par ses constitutions. L'ouvrier se regardait comme le membre actif d'un petit monde qu'il aimait et dont l'honneur et le bon renom lui étaient chers. Se sentant à l'aise dans les limites de sa position sociale, se respectant lui et sa profession, l'artisan était à l'abri de ce sentiment d'envie qui voit avec mécontentement et jalousie ceux qui occupent un rang élevé. Il ne pensait pas que son état le mit au-dessous de n'importe quel puissant personnage. Il avait une haute idée de sa profession et la regardait comme instituée par Dieu même.

Comme les hommes avaient beaucoup de foi, ils travaillaient autant pour l'éternité que pour le temps. Se retirer *après fortune faite* ne se disait point alors. On élevait ses enfants, mais on ne songeait pas fiévreusement comme maintenant à gagner la richesse par toutes sortes de moyens. Le matin, la cloche de l'église annonçait le commencement de l'ouvrage, l'*Angelus* sonnait les repas, les crieurs de nuit rappelaient à chacun de prier pour les trépassés, les fêtes des saints Patrons étaient des jours de joie pour tous; partout nous voyons constamment la préoccupation des choses religieuses.

On comprend facilement qu'animés par de pareils sentiments, les ouvriers n'ont pas eu de difficulté à se réunir sous la tutelle de l'Eglise, au moins dans les origines et dans beaucoup de pays. Tant que leur *association était purement professionnelle, elle prenait le nom de corporation; quand elle revêtait une forme religieuse et secourable, elle s'appelait confrérie.*

A quelle époque ont commencé les confréries? Nul ne saurait le dire. Il est cependant probable qu'elles sont aussi anciennes que le métier lui-même. C'était un lien pieux entre tous les ouvriers et les maîtres; ce lien béni par la religion ne pouvait que maintenir entre eux l'harmonie. On comprend donc que l'Eglise, dès ses origines, ait vu d'un œil favorable les artisans entrer dans cette voie.

Quoi qu'il en soit de leur antiquité, les confréries étaient déjà très nombreuses quand Philippe le Bel les abolit au commencement du XIVe siècle, et le prévôt des marchands, Etienne Boileau, les cite souvent dans son livre des Métiers de 1261.

Nous avons pu dire plus haut que la confrérie était la forme religieuse et secourable du corps de métier; il ne faudrait pas croire cependant qu'elle fût aussi exclusive que la corporation. Tantôt elle comprenait tous les gens du métier, maîtres et compagnons, tantôt elle n'en comprenait qu'une partie. C'est ainsi que nous voyons des confréries de maîtres et des confréries de compagnons. Certaines confréries réunissaient les gens de plusieurs métiers, d'autres fois même elle admettait des personnes étrangères à tout métier. Ainsi pour Paris, les pourpointiers de la rue des Lombards formaient, nous dit G. Fagniez, une confrérie à part qui se tenait dans l'église voisine de Sainte-Catherine. Les valets merciers avaient aussi leur confrérie particulière en l'honneur de saint Louis. Il en était de même des ouvriers cordonniers qui naturellement avaient pris pour patrons saint Crépin et saint Crépinien. A Limoges, les sueurs (cordonniers) et les savetiers étaient réunis dans la même confrérie. Un certain nombre de boursiers, originaires pour la plupart de Bretagne, avaient établi à Paris une confrérie sous l'invocation de saint Brieuc, patron de leur pays. Plusieurs cardeurs de laine, fixés à Paris, où ils avaient cherché un refuge contre les guerres qui désolaient le pays au XIVᵉ siècle, s'étaient mis en confrérie sous la protection de la Trinité, de la Vierge et de saint Jean-Baptiste. Les orfèvres se partageaient dans la seule ville de Paris entre plusieurs confréries, parmi lesquelles celle de saint Eloi et celle de saint Denis et ses compagnons.

D'un autre côté la confrérie de sainte Véronique à Saint-Eustache, composée en majorité de marchands et de marchandes de toile aux Halles, comptait parmi ses membres des personnes qui n'appartenaient pas à cette profession. De même pour les drapiers. Les bouchers de la grande boucherie, qui célébraient leur fête pour la Nativité de Notre-Seigneur, admettaient dans leur confrérie tous ceux qui désiraient en faire partie. A Saint-Germain-l'Auxerrois tout le monde pouvait entrer dans une confrérie fondée par des paroissiens de cette église dont la plupart étaient ouvriers pelletiers.

Que dire de la *grande confrérie* de Notre-Dame ? Elle est si ancienne qu'on ignore complètement ce qui regarde son origine. Dans son sein se rencontraient le roi, la reine, les princes du sang, en même temps que les plus petits bourgeois et marchands. *Les liens qui unissaient les confrères étaient si puissants, grâce à l'action de l'Eglise, qu'ils faisaient disparaître toute différence sociale à une époque où les situations politiques étaient si nettement tranchées.* Nous en avons un exemple dans la vie du roi Louis XI. Membre de la grande confrérie Notre-Dame, il ne rougissait pas, lui, roi de France, d'aller dîner chez un confrère, petit marchand du faubourg Saint-Antoine. L'histoire nous rapporte même que les enfants de ce marchand ne craignaient pas de saluer la venue du roi par les cris de « *Péronne* ». Ils auraient encore, dit-on, appris à un perroquet ce mot certainement peu convenable pour saluer l'arrivée de Louis XI auquel il rappelait une défaite.

Quel était le but que se proposaient les confréries ? C'était de pousser leurs membres à la pratique des devoirs religieux, à celle de la charité et des bonnes œuvres. Charles V dans son ordonnance de 1369, pour approuver les statuts des orfèvres de Troyes, nous rappelle clairement ce but.

Chaque confrérie se plaçait sous l'invocation d'un saint, qui était considéré comme le patron du métier, et dont elle prenait le nom. Son image était peinte sur la bannière de la corporation. Cette bannière marchait en tête de la corporation et de la confrérie dans les occasions solennelles; et de là vient que le nom de *bannière* fut donné aux communautés ouvrières elles-mêmes.

Les métiers travaillant les métaux marchaient sous la bannière de saint Eloy; ceux qui travaillaient le bois sous celle de saint Joseph ou de sainte Anne; les cordonniers avaient peint sur leur bannière l'image de saint Crespin et de saint Crespinien; les boulangers, celle de saint Honoré; les musiciens, celle de sainte Cécile, etc...

Un grand nombre de confréries avaient leur chapelle particulière. C'est ainsi qu'à Paris la grande boucherie et la maison commune des orfèvres en renfermaient une magnifique; mais le plus souvent les confrères se réunissaient à l'église pour assister aux cérémonies religieuses. Chaque semaine la confrérie de saint Brieuc faisait célébrer une messe en l'honneur du patron. Les cuisiniers-pâtissiers de Coutances faisaient dire une messe les vendredis des quatre-temps de chaque saison, en expiation des péchés de gourmandise.

Les confrères assistaient au mariage et à l'enterrement des membres de l'association; c'est ce qu'on appelait être *aux honneurs*. Celui qui ne se rendait pas aux obsèques d'un confrère sans motif légitime était mis à l'amende. La confrérie fournissait quatre torches pour ces cérémonies, ainsi que pour le baptême des enfants des confrères.

A Soissons, lorsqu'un tailleur mourait, les quatre confrères les plus voisins du défunt veillaient le corps toute la nuit, et le lendemain tous les confrères assistaient au service et à l'enterrement.

Les cérémonies funèbres n'étaient pas les seuls motifs de réunion des confrères. Les baptêmes, les mariages étaient célébrés par eux en grande pompe. Le jour de la fête du patron était surtout le jour de la réunion principale des confrères. Dès la veille, un crieur parcourait les rues une clochette à la main, pour annoncer l'heure et le lieu de la réunion. Le soir, les maîtres avec leurs femmes, les compagnons et les apprentis assistaient aux premières vêpres. Le lendemain, personne ne travaillait et chacun se rendait, paré de son plus beau costume, à l'église ou chapelle de la confrérie. Il y avait grand'messe en l'honneur du patron, sermon ou panégyrique du saint, procession et vêpres.

C'était même pendant les vêpres le plus souvent que le prévôt ou bâtonnier en exercice était remplacé. Pendant que l'on chantait le verset du *Magnificat : « Deposuit potentes de sede :* il a fait descendre le puissant de son siège », le prévôt ou bâtonnier sortant de charge déposait le bâton, insigne de son autorité, et regagnait le banc commun des confrères. Le nouvel élu s'installait à sa place et commençait son gouvernement, pendant que l'on finissait le verset : « *Et exaltavit humiles :* il a élevé les humbles. » On appelait cette cérémonie faire le *Deposuit* ou rendre le bâton. On peut encore en être témoin, dans plusieurs pays de France, en particulier en Normandie. Cette cérémonie était suivie d'un *Te Deum*, après lequel on terminait les vêpres.

Après ou avant les vêpres avait lieu la procession. C'est là que la confrérie se montrait dans toute sa splendeur. La bannière du saint patron ouvrait la marche. Derrière suivait le doyen ou bâtonnier portant à la main un cierge dont les statuts avaient fixé le poids. Enfin tous les gens du métier et leur famille fermaient la marche. A Paris, la confrérie sainte Anne et saint Marcel des orfèvres, après avoir élu son « *prince de mai* », se rendait en procession à Notre-Dame, le 30 avril au soir, de manière à se trouver à minuit devant la porte principale de la basilique. Elle y plantait le mai, qui y demeurait jusque au lendemain « après vespres, que l'on le transportait devant l'image de la Vierge Marie, qui est dessoubs le long poulpitre faisant de costé la closture du chœur ». La procession marchait cierges allumés au son des instruments et en chantant des hymnes et ballades.

Vers la fin du xve siècle la confrérie « de mai » ajouta d'autres cadeaux à l'arbre qu'elle venait offrir à la patronne de Paris. C'était un tabernacle d'argent massif, un tableau ou quelque œuvre d'argent qui pouvait servir à orner Notre-Dame.

Après la fête religieuse venait le repas de corps. L'égalité la plus complète régnant entre tous les confrères, on comprend facilement que la joie devait présider à ce banquet de frairie, confrairie ou confrérie. Chaque convive payait son écot et n'était reçu que sur la présentation d'un jeton de paiement d'un « méreau » spécial. Les veuves assistaient à ce repas sans bourse délier, et sur l'inspiration de l'Eglise, des places particulières étaient réservées pour les pauvres.

Le repas de la confrérie des drapiers était l'occasion d'abondantes aumônes en nature.

Cette charité qui s'exerçait ainsi extraordinairement et à certains jours de fête était pratiquée journellement par les confrères de la même frairie. Grâce à la « *boëtte* » commune, on pouvait secourir les pauvres du métier.

A Paris, la maison commune des orfèvres comprenait un hospice pour les vieillards et les membres de la communauté incapables de travailler. Ils recevaient tout ce qui leur était nécessaire. La confrérie ne leur demandait que deux choses : des prières et de bons conseils aux jeunes du métier. Parfois même la boëtte servait à entretenir partiellement un des hospices de Paris. C'est ainsi que la confrérie des valets merciers, fondée sous le patronage de saint Louis, employait ses revenus au profit de l'hôpital des Quinze-Vingts où elle tenait ses réunions.

A côté des très nombreuses confréries qui florissaient alors, nous trouvons, en 1319, une véritable *société de secours mutuels* comme on en fonde de nos jours. C'est celle que les corroyeurs de robes de vair ont tâché de constituer pour venir en aide à ceux d'entre eux que la maladie réduisait au chômage, et, disent les statuts « ils enchient souvent en grieves maladies ». Ces ouvriers qui voulaient participer aux avantages de cette Société payaient un droit d'entrée de 10 sous avec six deniers pour le clerc et versaient *régulièrement* un denier par semaine ou deux par quinzaine. Les cotisations et les deniers de l'Association étaient reçus et gérés par le clerc et six membres élus par la Société à qui ils devaient rendre compte de leur gestion. Ces fonds étaient uniquement employés à secourir les ouvriers malades, membres de l'Association. On leur donnait « trois souls parisis » par semaine, trois sous pour la semaine où ils entraient en convalescence (pour la semaine qu'il relèvera) et « trois autres souls pour *soy efforcer* ». Admirons ici la charité de l'Eglise qui a inspiré ce règlement, surtout ce dernier point *pour soy efforcer*, pour permettre de se rétablir entièrement. C'est bien l'Eglise qui a inspiré cela. La preuve en est dans la lettre d'approbation du garde de la prévôté de Paris, Henri Taperel, datée du 10 février 1319. Nous y relevons ces paroles : « Nous qui le commun profit et l'ounour de Dieu et de la benoîte Vierge Marie... voulons et désirons faire. »

La charité se faisait donc d'une manière abondante. Mais comment la « *boëtte* » des confréries pouvait-elle suffire à ces aumônes multiples ? Quelles étaient ses ressources ? Ces *ressources* étaient composées des droits d'entrée, des cotisations des membres ; parfois des revenus des immeubles de la confrérie, très souvent de la vente du chef-d'œuvre d'un nouveau maître, des amendes sévères imposées aux confrères négligents ou querelleurs, enfin des dons ou legs. Chez les orfèvres de Paris la boëtte avait une autre source de bénéfices. Dans toutes les boutiques des confrères un tronc était placé près du comptoir. Après la vente, le marchand y déposait son aumône et l'acheteur l'imitait dans cette action.

La cotisation variait selon les diverses confréries et selon la fortune du métier. Elle était, par exemple, moins considérable chez les *calfats* du Havre, les *soleils* de Marseille, que chez les orfèvres de la *confrérie de mai* à Paris.

Les dons étaient souvent fixés par la confrérie. Par exemple, l'ouvrier foulon qui s'établissait payait 60 sous à la confrérie des foulons de saint Paul. Au contraire le tailleur parvenu à la maîtrise faisait une largesse en rapport avec sa fortune.

Pour avoir une idée des amendes imposées aux confrères, rappelons-nous que l'ouvrier pourpointier qui passait au service d'un nouveau patron payait à la boëtte de la confrérie une amende de huit deniers. De même tout ouvrier couturier étranger à la ville de Nantes et qui venait « y besoigner besogne neuve ès maisons des demeurans et habitans en ladite ville devait à ladite boëtte par chascun deffaut cinq sols monnoys ».

La confrérie ainsi organisée était gouvernée et administrée par des officiers élus pour un an. A leur tête était un *prévôt* ou *bâtonnier* ou *prince*, quelquefois deux, dont l'un était maître, l'autre compagnon.

Le prévôt était assisté de *conseillers* ou *échevins*, parmi lesquels était un procureur, un *trésorier* ou *collecteur*, et très souvent un *clerc* pour aider le prévôt dans l'administration.

Parfois les membres administrateurs de la confrérie étaient les mêmes que ceux de la corporation, aux origines surtout. Mais dès le XVIᵉ siècle nous voyons généralement la confrérie représentée par ses *gouverneurs* comme le corps de métier par ses *gardes ou jurés*.

Voilà comment l'Eglise avait conçu la confrérie où tous, maîtres et valets, distinctement ou indistinctement, se confondaient dans une touchante égalité. C'est ainsi que l'Église inculquait à tous, avec l'égalité, la charité et toutes les vertus sociales.

Mais cette œuvre était confiée à des hommes : c'est là ce qui peut expliquer des défaillances qui attirèrent aux confrères les sévérités des pouvoirs ecclésiastique et civil.

Dès 658, le concile de Nantes « retranche les grands repas qui se faisaient dans les confréries ». En 1524, le concile de Sens interdit tout ce qui peut y être « employé en débauches » et le port du bâton de peur des rixes. Le concile de Cologne, en 1536, recommande aux évêques de veiller sur les confréries. On sentait déjà le souffle de la fausse Réforme dont l'influence délétère faisait mourir tout ce qu'elle touchait.

Peu de temps après le concile de Cologne, une ordonnance de François Iᵉʳ (1539) voulut abolir les confréries, mais ce fut en vain.

Une ordonnance d'Orléans (1561) les reconnaît à condition qu'elles pourvoieront à leurs frais de culte et dépenseront le surplus pour les pauvres et les écoles.

L'édit de janvier 1564, insistant et confirmant la précédente ordonnance, défend les banquets de confrérie sous peine de 500 livres pour tout délinquant. L'ordonnance de Moulins en 1566 et l'édit de 1567 montrent l'inanité de l'édit de 1564. C'est pourquoi l'ordonnance de Blois (1579) confirme les confréries, mais réserve les revenus de la boëtte pour les frais du culte et les pauvres du métier. L'expérience avait prouvé aux rois de France que supprimer les confréries c'était en quelque sorte donner une prime à leur extension et à leur propagation.

Aussi au XVIIe siècle, les confréries se calmant, l'arrêt du 3 décembre 1660 les reconnaît toutes en les soumettant à l'autorité royale.

Sans doute nous sommes forcés d'avouer qu'il y eut des abus de la part des confrères pour mériter de pareils avertissements de l'autorité. Quelle institution plusieurs fois séculaire n'a pas exigé, par son développement même, des réformes répétées?

La Révolution française est venue tout interrompre dans la vie des confréries, elle les a prohibées, anéanties. Toutefois l'inspiration qui poussait la foule vers les confréries n'est pas morte. On pourrait facilement en retrouver la preuve dans beaucoup de provinces de notre France où elles maintiennent encore l'ouvrier dans l'exercice de ses devoirs religieux et dans l'amour des vertus sociales qui font les peuples grands et forts.

Corporations.

Les corporations étaient la forme professionnelle du corps de métier. Leur origine, comme celle des confréries, est assez obscure. Déjà florissantes au XIIe siècle, les corporations de tous métiers se multiplièrent au XIVe en raison même du développement du luxe et de l'industrie.

Remarquons ici que, dans les premiers temps, *tout métier n'était pas fatalement incorporé.* Il l'était, par exemple, à Rouen et pouvait ne pas l'être à Paris. C'est Henri III qui, par son ordonnance de 1581, confirmée et amplifiée par celle de 1597, voulut, le premier, incorporer la classe ouvrière et marchande dans notre pays de France.

Constituées librement, avec l'approbation de l'autorité, les *corporations primitives avaient souvent des limites assez mal tracées.* Par exemple les chandeliers de Rouen vendaient, en plus des marchandises propres à leur métier, du beurre, du foin, du bois. Dans la même ville, les regrattiers vendaient les mêmes marchandises, sauf les chandelles. On remarquait souvent dans une ville où des corporations existaient, des ouvriers de métiers incorporés, qui travaillaient librement et sans avoir voulu se soumettre au joug de la corporation.

Le *recrutement* des corporations variait selon les métiers et les provinces. Tantôt, à l'origine surtout, les maîtres et les compagnons pouvaient en faire partie, ainsi que cela se pratiquait chez les tailleurs de Nantes; d'autres fois les maîtres seuls composaient la corporation. Cette dernière forme devint bientôt générale.

Quelque variées que soient les opinions des différents auteurs sur ce point, la corporation était appelée à exercer son pouvoir sur les maîtres, compagnons et apprentis. Nous nous proposons ici d'exposer brièvement la condition des uns et des autres, et de montrer l'action de l'Eglise sur ces différents travailleurs.

Avant d'être compagnon ou maître, tout ouvrier devait passer par *l'apprentissage.* A cette époque l'apprenti n'était pas comme maintenant un *attrape-science.* On considérait comme très sérieux ce stage pendant lequel le jeune homme devait acquérir le savoir suffisant pour être un jour reçu maître. Une fois qu'il avait librement choisi le métier qu'il voulait plus tard exercer, l'apprenti versait à la boîte de la confrérie sa première cotisation. Il acquérait ainsi le droit de toucher au métier.

Selon le plus ou moins de force que la profession exigeait, il entrait plus ou moins jeune en apprentissage.

L'apprenti devait en outre être issu de « bon et loyal mariage », et à moins d'une permission particulière, l'enfant naturel ne pouvait prendre rang parmi les apprentis fils de familles honnêtes.

L'admission d'un apprenti, vu les grandes conséquences qu'elle avait pour toute la vie, était un acte particulièrement solennel. A l'origine, le contrat ou brevet d'apprentissage était verbalement conclu devant les prud'hommes de la Société. A partir du vııı^e siècle le contrat est écrit et remis au maître qui le garde. Plus tard le contrat devint un acte public passé devant notaire et enregistré. En Allemagne, cette admission d'apprenti avait souvent lieu à l'hôtel de ville devant les autorités municipales. On exposait « à l'ouvrier de naissance légitime » ses devoirs moraux et professionnels. On lui remettait ensuite une lettre d'apprentissage lui donnant le droit d'entrer dans la famille d'un maître. Le nouvel apprenti s'engageait alors à l'obéissance et au respect envers le patron, celui-ci, à son tour, s'engageait à enseigner son état d'après les règles et sous la surveillance du corps de métier.

Arrivé chez le maître, le nouveau venu se trouvait souvent seul comme apprenti. Le nombre de ces derniers était fort restreint et *limité suivant les besoins de la profession*. Ordinairement chaque maître avait un apprenti, rarement deux, plus rarement encore trois.

La *durée de l'apprentissage* variait selon le métier. La moyenne de cette durée était de cinq à sept ans. Telles professions cependant n'exigeaient que deux années, d'autres douze années. Pendant ce temps, le maître, disent les règlements de l'époque, doit garder le jeune apprenti, « jour et nuit dans son hôtel, à son feu et à son pot, le tenir enfermé avec la porte et le gond ». Il devait le traiter avec douceur, le corriger quand besoin était, sans toutefois permettre à sa femme de battre l'apprenti. « Il veillait sur les mœurs » et c'est pourquoi les pâtissiers, par exemple, ne devaient pas envoyer les apprentis vendre leurs produits par la ville, afin de ne pas les exposer à la perdition et à la débauche.

Le maître devait entretenir son apprenti convenablement selon les nécessités de la vie matérielle. C'est pourquoi, au xııı^e siècle, un prix était payé comptant ou par annuité au maître pour l'apprentissage. Il variait selon les métiers, et n'était même pas requis dans certaines professions. Bien plus, chez les tisserands de Paris, chez les émailleurs de Nevers, les apprentis recevaient un salaire.

Si le maître contractait des obligations à l'égard de son apprenti, celui-ci contractait, outre le devoir du respect, celui de ne pas rompre l'engagement passé au moment de son entrée en apprentissage. Il ne pouvait quitter son maître avant l'expiration de son stage, à moins qu'il ne prouvât qu'il en avait reçu de mauvais traitements. L'apprenti fugitif était ramené à son maître qui devait l'attendre pendant un an et un jour. Ce n'est qu'à la troisième fuite par « folour et joliveté » que le maître avait le droit de chasser l'apprenti du métier.

Lorsque le temps fixé pour la durée de l'apprentissage était expiré, l'ouvrier était relevé de ses engagements et admis au nombre des *compagnons ou valets*. On rendait cette déclaration aussi solennelle que l'avait été sa première admission dans la Société. Elle avait lieu très souvent en présence du corps de métier.

Dès les premiers temps de leur admission, les compagnons se trouvaient vis-à-vis de leurs maîtres et de la corporation dans des rapports plus élevés que les simples apprentis de la corporation. Ils avaient généralement dans la maison du maître, non seulement la nourriture et le logement, mais encore le feu, la lumière et le blanchissage ; ils faisaient bien plus étroitement partie de la famille que s'ils eussent reçu un simple salaire.

Ils vivaient avec le maître qu'ils révéraient comme un père. Ils n'étaient pas comme maintenant l'instrument muet du capital, et quand après une rude journée de travail, ils s'endormaient le soir, leur sommeil était bercé de doux rêves. Ils entrevoyaient, à une époque qu'ils pouvaient fixer, le jour où, à leur tour, ils seraient maîtres. Leur condition était donc bien supérieure à celle de l'ouvrier actuel. Les chômages étaient rares, le travail du dimanche et de la nuit prohibé, et le samedi, quand à deux heures de l'après-midi, la cloche de l'église sonnait les vêpres, ils pouvaient se livrer au repos.

Pour devenir *maître*, l'ouvrier devait avoir son outil, *de quoi* pouvoir louer boutique et savoir le métier. Il montrait sa science du métier en accomplissant un chef-d'œuvre. Alors, ce que l'ordination est au prêtre, l'accolade au chevalier et le grade de docteur au savant, la transmission de la maîtrise l'était pour l'ouvrier. Cette maîtrise lui était conférée par les maîtres en exercice après inspection du chef-d'œuvre.

A l'origine, la maîtrise était gratuite. L'obligation d'acheter le métier, de payer le métier au roi pour ceux « qui avaient de coi » était encore exceptionnelle à la fin du XIIIᵉ siècle. D'après le livre d'Etienne Boileau, la maîtrise était vénale dans une vingtaine de corporations seulement. Certains métiers s'abonnèrent avec la royauté, et au lieu d'acheter la maîtrise, payèrent au trésor un impôt annuel. C'est ce qu'on appelait le « hauban ». Postérieurement au XIIᵉ siècle, la vénalité des maîtrises reçut une extension croissante à proportion des progrès de la fiscalité.

Une fois parvenu à la maîtrise, l'ouvrier pouvait avoir un ou plusieurs apprentis et compagnons pour travailler avec lui. Il possédait sur eux l'autorité paternelle et ces derniers n'étaient jamais admis à déposer contre leur maître, sauf le cas où il y avait eu contravention aux règlements du métier.

Le maître prenait part aux réunions de la corporation et de la confrérie. Il prenait part à l'élection des gardes et jurés du métier. Lui-même après avoir été « *jeune maître* », « *maître moderne* », pouvait enfin, à son tour, être nommé *garde ou juré* et posséder ainsi le suprême honneur du métier.

Une fois garde, juré, membre du bureau, il possédait une juridiction de police et même, dans une certaine limite, criminelle, sur tous les membres de la corporation.

Il constatait les contraventions, intervenait dans les discussions de maîtres à compagnons et apprentis, dans les querelles où les parties avaient eu recours à la violence. Il était chargé de visiter personnellement les ateliers, les ouvroirs, les boutiques pour constater l'observation des règlements statutaires concernant les travaux et les marchandises, de percevoir les taxes au profit de l'association, enfin de procéder à l'examen des apprentis et à la réception des maîtres.

C'est ainsi que le garde du métier assurait la bonne exécution des produits et rendait les marchandises « *loyales et marchandes* » pour le plus grand profit de l'acheteur.

Nous avons pu constater jusqu'ici que l'atelier corporatif était une école de morale et de justice. Cela était dû à l'influence de l'Eglise qui avait voulu faire de l'atelier une famille.

L'apprenti logé dans l' « ostel » de son patron y était instruit de bonne heure de la crainte de Dieu. « Matin et soir, et aussi pendant le travail il doit demander à Dieu sa protection et son secours, car il ne peut rien sans Dieu; l'assistance de tous les hommes serait stérile sans le secours de Dieu. L'apprenti doit entendre la messe et le sermon les dimanches et jours de fête, et apprendre à aimer la lecture des bons livres. Il faut aussi qu'il ait à cœur l'honneur de son maître et celui de sa profession, car elle est sainte, et lui-même sera peut-être un jour maître des autres, si Dieu le veut et qu'il soit digne de le devenir...

De même pour le compagnon, son travail comme ses mœurs étaient ainsi soumis « de par la volonté de l'association », à la surveillance du maître, qui ne pouvait se soustraire à ce devoir sous peine d'amende. Le soir tout compagnon devait être rentré dans l'ostel du maître à une heure déterminée, ordinairement neuf ou dix heures. Aucun ne pouvait passer la nuit dehors.

Donc le principe de la vie familiale était la base de tout atelier. Il était aussi la source de nombreux avantages pour l'apprenti et le compagnon. « Mêmes repas avec le maître, dans lesquels les âmes s'ouvraient sans peine les unes aux autres et se fortifiaient dans cette affection réciproque; pas d'antagonisme, pas de chambres en ville, pas d'auberge ou peu, pas d'occasion de courir les mauvais lieux, l'hôtel du patron était le sanctuaire qui gardait les membres de l'atelier des dangers, des chutes presque inévitables auxquelles sont fatalement voués les ouvriers d'aujourd'hui. »

A l'occasion de cette vie en famille avec le maître, l'ouvrier trouvait souvent facilement, avec intérêt matériel et profit moral, la compagne de son existence. Il pouvait se marier parfois avec la fille de son maître et, par le fait même, être, dans certains métiers, exempté de faire le chef-d'œuvre. Il jouissait alors des mêmes privilèges que les fils de maîtres.

Une fois qu'il avait fondé un foyer nouveau, il y transportait le christianisme et le respect de la moralité qu'il avait observé chez son maître. Il veillait sur sa maison pour en protéger tous les membres et en écarter le « mauvais garçon ». Il dirigeait son compagnon et, si ce dernier était tenté de défaillance morale, il lui rappelait avec autorité que le valet épousant « scientement » une fille mal notée ne pouvait être reçu maître. Il lui montrait la corporation poursuivant même cette défaillance parmi les plus haut placés du métier et rejetant de son sein le maître assez peu chrétien pour épouser une femme malhonnête.

L'atelier était donc garanti contre sa plus grande plaie : l'immoralité. C'était l'œuvre de la religion catholique qui était l'âme de la famille industrielle. Cette œuvre était encore complétée, ainsi que nous l'avons vu, par l'exercice de la charité, l'assistance mutuelle.

Comme les confréries, et plus encore qu'elles, les corporations, surtout depuis la prétendue réforme, s'écartèrent de la voie où le catholicisme était heureux de les voir marcher. L'édit de Turgot et la Révolution ont mis un terme à leur existence.

Quoi qu'il en soit de leurs fautes et des reproches qu'on a pu leur faire, elles ont, grâce à l'Eglise, rendu de réels services aux ouvriers.

CHAPITRE V

État actuel et l'encyclique « Sur la condition des ouvriers ».

Mère des peuples et leur grande éducatrice, l'Eglise, nous venons de le constater, avait accompli la plus radicale des révolutions qui puissent jamais bouleverser la terre. Seule, par ses propres forces, malgré les redoutables et formidables oppositions de l'ancien monde, elle avait fait ce chef-d'œuvre de ses mains que nous nommons l'ouvrier chrétien.

Après l'avoir ramassé dans la fange où l'avait dédaigneusement jeté le paganisme, elle l'avait peu à peu élevé et ennobli. Puis, prenant pitié de sa faiblesse et de son isolement, elle l'avait poussé vers ses semblables et, le lien de la charité et de la foi aidant, elle avait encouragé les associations, les confréries, les corporations. Fleur épanouie de l'idée chrétienne, l'ouvrier avait alors acquis la conscience de sa grandeur, et par un labeur infatigable, par une irréprochable conduite, il s'efforçait de se rendre digne de son état.

Mais l'esprit de ténèbres veillait. Le protestantisme apporta dans le monde son esprit néfaste, le philosophisme du XVIIIe siècle répandit partout ses négations et ses erreurs.

Les envies, les jalousies, s'élevèrent alors dans la société chrétienne et dans toutes les œuvres enfantées par l'idée chrétienne.

Les corporations, les confréries, les compagnonnages perdirent beaucoup de leur ancien esprit. Le pouvoir lui-même cessa d'être le lieutenant de Dieu sur terre. Dès lors commença le désordre qui attriste nos pensées à l'heure actuelle.

L'édit de Turgot, en 1776, supprima les corporations et autres associations de métiers ; bientôt Louis XVI, par une nouvelle ordonnance, voulut leur rendre la vie, mais en vain. L'âme chrétienne était partie de ces corps. Aussi, quand la Révolution les abolit en France en 1791, elle ne fit ses déclamations que sur des cadavres.

Avec la liberté absolue du travail naquirent incontestablement des fortunes colossales, mais malheureusement aussi l'exploitation des forces du travail, l'oppression de centaines et de milliers d'êtres.

Certes, l'Eglise, fidèle à sa mission divine, ne se découragea pas, elle se dévoua comme par le passé. Les auteurs indépendants et honnêtes n'hésitent pas à le reconnaître. « L'esprit de charité, dit M. Levasseur, inspirait ses œuvres et la conduisait naturellement au patronage des classes pauvres. »

Cette action incessante et persévérante de l'Eglise à notre époque est tellement évidente que des écrivains (B. Malon), dont nous ne partageons pas toutes les idées, ont pu écrire : « Les charitistes ont cependant fait des efforts louables depuis un demi-siècle; leur action revêt mille formes. »

Et l'auteur ajoute tristement : « Mais tout cela, quelques gouttelettes perdues dans l'immense désert de la misère. »

Sans doute tout cela est plus que quelques gouttelettes perdues dans l'océan de la misère, mais cependant, avouons-le, le résultat aurait dû certainement être plus considérable.

La faute n'en est point à l'Eglise qui s'est dépensée outre mesure. Les coupables sont ceux qui n'ont pas voulu entendre sa voix ou qui ont essayé d'entraver ses œuvres. Les malheureux sont ceux que le travail asservit à des hommes sans foi religieuse.

Aussi quel changement dans l'ancien état créé par l'Eglise pour l'artisan! La femme, espérance des générations futures, déserte son foyer domestique pour gagner un salaire trop modique dans un labeur qui éteint en elle toute énergie.

Malgré les lois édictées par le pouvoir civil, nous voyons de pauvres enfants employés trop jeunes à des tâches bien au-dessus de leurs forces. Pauvres petits! quand on compare leur état à celui des apprentis aux époques chrétiennes, on se demande si le paganisme n'est pas revenu. Qui ne connaît la situation intolérable des enfants employés dans les solfatares de Sicile?

Après de pareils faits, on comprend facilement les colères de quelques-uns.

Pas plus que l'enfant et la femme, l'ouvrier n'a été épargné. Instrument muet du capital, obéissant à un maître qu'il ne connaît pas le plus souvent, il lui est presque toujours impossible de devenir un jour son maître comme les petits patrons de l'ancien temps.

Malheur à lui s'il est faible ou s'il vient à compter parmi les vaincus de la vie! La philosophie, sans la foi religieuse au Dieu souffrant, lui dira avec H. Spencer que les vaincus doivent disparaître : « C'est un travail indispensable de sélection par lequel la société s'épure constamment elle-même. Mais si une philanthropie mal éclairée se met au travers de la loi bienfaisante de la sélection, elle rejette les non-producteurs à la charge des producteurs, elle dégrade l'espèce humaine et amasse comme à plaisir une réserve de souffrances pour les générations futures. »

Voilà qui explique bien des théories malsaines, bien des chansons irritantes dont les échos répétés par des milliers de poitrines semblent être le grondement lointain de l'orage qui s'approche.

De tout cela un malaise général qui met aux abois les âmes généreuses. Comment la société pourra-t-elle subsister, au milieu de conflits sans cesse renaissants et toujours plus terribles causés par une économie sociale et politique sans l'idée de Dieu ?

« On ne croyait pas aux remèdes proposés, dit un prélat éminent, le cardinal Lecot, l'égoïsme luttait contre les solutions désintéressées.

« Tout à coup une voix retentit au sommet de ce roc où Pierre a planté sa tente. C'est l'exposé lumineux d'une pensée calme et toute pacifique : le problème est abordé sous toutes ses faces; les recoins les plus obscurs en sont fouillés, une lumière vive s'y promène partout, comme autrefois l'Esprit sur le chaos; l'univers écoute, il sent l'inspiration du génie, et plus encore, dans cette parole qui éclaire..., qui établit les responsabilités sans blesser aucun parti, qui impose les solutions sans combattre, et d'un bout à l'autre du monde, tout ce qui a conservé le sens droit de l'honnête et du juste, s'incline sous la parole du Pontife romain. L'ouvrier se sent défendu, le patron se voit éclairé. »

Il y a loin, en effet, de ces paroles de l'Église aux solutions de l'égoïsme ou aux cris de rage des désespérés. Chacun y doit prendre sa part des enseignements donnés par Léon XIII dans le calme et la sérénité de son magistère.

Le capital saura que ses droits sont sacrés si la propriété est légitimement acquise, mais malheur à lui si ses gains sont illicites?

Quant à l'ouvrier, le Pontife l'engage à compter surtout sur l'Eglise. « C'est elle, en effet, qui puise dans l'Evangile des doctrines capables, soit de mettre fin au conflit, soit au moins de l'adoucir, en lui enlevant tout ce qu'il a d'âpreté et d'aigreur. C'est l'Eglise qui ne se contente pas d'éclairer l'esprit de ses enseignements, mais s'efforce encore de régler en conséquence la vie et les mœurs de chacun. L'Eglise qui, par une foule d'institutions éminemment bienfaisantes, tend à améliorer le sort des classes pauvres ; l'Eglise qui veut et désire ardemment que toutes les classes mettent en commun leurs lumières et leurs forces pour donner à la question ouvrière la meilleure solution possible ; l'Eglise enfin qui estime que les lois et l'autorité publique doivent, avec mesure sans doute et avec sagesse, apporter à cette solution leur part du concours. »

Le premier principe que l'ouvrier peut considérer, c'est que l'homme doit prendre en patience sa condition, sans cela sa vie lui sera bientôt trop lourde. Il n'est point à dire cependant qu'il ne doit point chercher à s'élever, que toute émulation lui est défendue. Non. Il travaillera, et ses écomonies le rendront bientôt possesseur d'un petit bien.

Comme tout travail mérite un salaire, il pourra discuter avec le patron le prix de son labeur. Ici le Souverain Pontife, rétablissant la vérité, nous montre combien injuste est la théorie de bon nombre d'économistes. « Le salaire, ainsi raisonne-t-on, une fois librement consenti de part et d'autre, le patron en le payant a rempli tous ses engagements et n'est plus tenu à rien. Alors seulement la justice se trouverait lésée, si lui refusait de tout solder, ou l'ouvrier d'achever tout son travail et de satisfaire à ses engagements... Pareil raisonnement ne trouvera pas de juge équitable qui consente à y adhérer sans réserve, car il n'embrasse pas tous les côtés de la question et il en omet un de fort sérieux... Le travail... est personnel, parce que la force active est inhérente à la personne et qu'elle est la propriété de celui qui l'exerce... Il est nécessaire, parce que l'homme a besoin du fruit de son travail pour conserver son existence... Or si l'on ne regarde le travail que par le côté où il est personnel, nul doute qu'il ne soit au pouvoir de l'ouvrier de restreindre à son gré le taux du salaire ; la même volonté qui donne le travail peut se contenter d'une faible rémunération ou même n'en exiger aucune.

« Mais il en va tout autrement si au caractère de *personnalité* on joint celui de *nécessité*... Conserver l'existence est un devoir imposé à tous les hommes... De ce devoir découle nécessairement le droit de se procurer les choses nécessaires à la subsistance et que le pauvre ne se procure que moyennant le salaire de son travail. Que le patron et l'ouvrier fassent donc tant et de telles conditions qu'il leur plaira... *au-dessus de leur libre volonté, il est une loi de justice naturelle plus élevée et plus ancienne*, à savoir que le *salaire ne doit pas être insuffisant à faire subsister l'ouvrier sobre et honnête*. Que si contraint par la nécessité, ou poussé par la crainte d'un mal plus grand, il accepte des conditions dures (que d'ailleurs il ne lui soit pas loisible de refuser),... c'est là subir une violence contre laquelle la justice proteste. »

L'ouvrier travaillera donc pour avoir un salaire convenable et sustenter son existence. Mais qu'il se souvienne que la vie du corps « n'est pas le but dernier de notre existence ; elle est une voie et un moyen pour arriver par la connaissance du vrai et l'amour du bien à la perfection de la vie de l'âme... A ce point de vue, tous les hommes sont égaux... ils n'ont tous qu'un même Seigneur. Bien plus, il n'est pas loisible à l'homme... de déroger spontanément à la dignité de sa nature ou de vouloir l'asservissement de son âme... C'est de là que découle la nécessité du repos et de la cessation du travail aux jours du Seigneur. Qu'on n'entende pas toutefois par ce repos une plus grande part faite à une stérile oisiveté, ou encore moins, comme un plus grand nombre le souhaitent, ce chômage fauteur des vices et dissipateur des salaires, mais un repos sanctifié par la religion ».

Ainsi comprise, la vie de l'ouvrier s'écoulera heureuse et ne sera pas troublée par les convoitises ou les appétits malsains.

Mais, dira-t-on, s'il survient une maladie, un accident, une vieillesse prématurée.

Fidèle aux exemples de ses prédécesseurs, Léon XIII recommande d'abord la solidarité entre tous les hommes, la charité chrétienne. Il engage à faire partie « des œuvres propres à soulager efficacement l'indigence et à opérer un rapprochement entre les deux classes. De ce nombre sont les sociétés de secours mutuels, les institutions diverses dues à l'initiative privée, qui ont pour but de secourir les ouvriers ainsi que leurs veuves et les orphelins, en cas de mort, d'accident ou d'infirmités... Mais la première place est surtout aux corporations ouvrières, qui, en soi, embrassent à peu près toutes les œuvres ».

L'Eglise, par la bouche du Souverain Pontife, engage les ouvriers à s'unir en corporations, en associations. Elle est maîtresse en ce genre de matière et le moyen âge est là pour corroborer ses affirmations.

Ce n'est donc pas sans motif que l'Eglise dépense ses forces et son énergie pour réunir ses enfants. Unis, les ouvriers seront plus respectés, et si la foi chrétienne, accompagnée de son cortège de vertus, est le lien de leur association, ils seront respectables.

Après le chef de la famille ouvrière, la sollicitude pontificale a dû tout naturellement se porter sur *l'enfant* et sur la *femme*, dont la malheureuse situation était bien faite pour l'émouvoir.

« L'enfance en particulier, — et ceci doit être strictement observé, — ne doit entrer à l'usine qu'après que l'âge aura suffisamment développé en elle ses forces physiques, intellectuelles et morales ; sinon comme une herbe encore tendre, elle se verra flétrie par un travail précoce et il en sera fait de son éducation.

« De même il est des travaux moins adaptés à la femme, que la nature destine plutôt aux ouvrages domestiques ; ouvrages d'ailleurs qui sauvegardent admirablement l'honneur de son sexe et répondent mieux à ce que demandent la bonne éducation des enfants et la prospérité de la famille. »

Si les législateurs humains méditaient ces sages enseignements, peut-être feraient-ils des lois en harmonie avec les exigences de la vie familiale, et comme la famille est l'élément primitif de la société, notre société se ressentirait fatalement du bonheur et de la concorde des familles ouvrières.

Tel est le plus récent document où la Papauté ait affirmé son amour et sa sollicitude pour les classes ouvrières. Il ne sera pas le dernier. Car il y aura toujours des pauvres parmi nous, des opprimés et des oppresseurs. L'Eglise aura toujours pour les uns des larmes, de l'amour et du pain, pour les autres elle se fera la voix retentissante de la vérité, et sèmera dans le monde, sans se lasser jamais, les grandes idées de justice et de charité.

C'est ainsi que sera réalisée la belle parole de Montesquieu : « *La religion chrétienne, qui ne semble avoir d'autre objet que la félicité dans l'autre vie, fait encore notre bonheur dans celle-ci.* »

TABLE DES MATIÈRES

Milton Keynes UK
Ingram Content Group UK Ltd.
UKHW010636140324
439439UK00007B/943